작은 상자, 큰 상자

현 대 수 필 가 1 0 0 인 선 · 16

작은 상자, 큰 상자

염정임 수필선

좋은수필사

▩ 책머리에

수필은 누구나 부담 없이 읽고, 마음만 먹으면 직접 쓸 수도 있는 가장 친근한 문학이다. 다른 영역의 문학이 영상매체에 밀려 신음하고 있는 중에도 수필 인구만은 날로 증가하여 바야흐로 수필 전성시대를 구가하고 있는 이유도 거기에 있을 것이다.

시대적 추세에 힘입어 수많은 수필전문지, 수필동인지가 창간되고, 이에 비례하여 신진 수필가도 날로 늘어나다 보니 이제는 그 많은 작가, 그 많은 작품 중에서 문학성 높은 작품을 가려 읽는 일이 쉽지 않게 되었다. 이런 현상은 작가에게나 독자에게나 결코 바람직한 일이 아니다. 더 나아가서는 수필을 연구하는 후세들에게도 큰 부담이 될 것이다.

이런 문제를 해결하는 데는 출판인도 마땅히 한몫을 감당해야 한다는 평소의 소신에 따라, 본사가 기꺼이 그 역할을 맡기로 했다. 그 첫 번째 사업으로 시대를 대표할 만한 수필가 100인을 선정하고, 작가가 자선한 40편 내외의 작품을 수록한 문고본을 발간하여 이를 널리 보급함으로써 그 소임을 다하고자 한다.

본사는 사명감을 가지고 이 사업을 추진해 나가기로 했다. 작가 선정을 전담할 편집위원회를 구성하고 전권을 위임하여 일체의 사적인 정실이나 청탁을 배제함으로써 전문성과 공

정성을 확보해 나갈 것이다.

따라서 이 기획물 속에는 작가의 문학정신뿐만 아니라, 본사의 문학사적 기여 의지와 편집위원 제위의 수필문학에 대한 애정과 문인으로서의 양심이 함께 담겨 있음을 자부한다. 다만, 작가를 선정하는 기준에는 많은 견해의 차이가 있을 수 있고, 선정 과정에서도 미처 챙기지 못한 부분이 있을 것이라는 사실만은 인정하지 않을 수 없다. 이 점에 대해서는 관계자 여러분의 양해 있으시기 바란다.

이 시리즈의 발간 순서는 작가, 또는 본사의 사정에 의한 것일 뿐 그 밖의 어떤 기준도 적용하지 않았음을 밝힌다.

본 기획물이 시대를 초월한 많은 수필 애호가들의 관심과 애정 속에 우리나라 수필문학 발전에 한 이정표가 되기를 바랄 뿐이다.

2008년 6월

좋은수필 발행인 서 정 환

현대수필가 100인선 간행 편집위원 박 재 식 최 병 호

정 진 권 강 호 형

변 해 명

1_부

2_부

3_부

4_부

강변에서

작은 상자, 큰 상자

혜성이 가까이 올 때

풀꽃들을 위하여

빈 콜라병

겨자씨

거북의 선행善行

잔인한 여름

말

수잔 브링클리씨에게

강변에서

멀리서만 바라보던 한강을 바로 발 아래로 가까이하게 된 것은 강변에 공원이 생기고난 뒤부터였다. 강둑이 모두 시멘트로 되어 있어 자연미는 없지만, 잔디와 꽃들도 심어져 있어 마음의 여백을 갖고 싶을 때 자주 찾게 된다. 집을 나서서 십 분이면 닿을 수 있는 곳에 강이 있다는 것은 얼마나 다행스러운 일인가! 강가에 가면 먼저 바람이 날 맞아준다. 강바람은 강의 넋인 듯 내 오관五官을 서늘하게 식혀주고, 폐부 깊숙이 들어가 무기력한 내 영혼을 흔들어 깨우기 시작한다. 강의 푸르름이 내 가슴에 밀려오면서 나는 또 하나의 열린 세계를 갖게 되는 것이다.

사방을 둘러보니 어느덧 잔디는 짙푸르고 흙에서도 향내나는 아름다운 계절이 아닌가? 여기저기에서 경쾌한 차림의 사람들이 휴일의 오후를 즐기고 있다. 푸른 하늘에 흰 공이 솟구친다. 그때마다 터지는 함성들. 자전거를 타는 소녀들. 뒤뚱뒤뚱 걸음마를 배우는 아기. 오후의 강변은 삶의 환희와 즐거움으로 가득 차 있다. 세상은 참 아름답다는 생각이 든다.

살아 움직이는 생명 또한 얼마나 사랑스러운가?

강둑을 거닌다. 강물은 바람결에 일렁이며 찰랑찰랑 강변을 적신다. 변죽을 울리듯 온화하게 발밑에서 바장인다. 바다가 남성적이라면 강江은 여성적이 아닐까?

쉴새없이 부딪치고 도전하며 바위를 마모시키는 바다는 남성의 격정을 닮았다. 그러나 강은 섬세한 물살로 모든 것을 받아들이며 잔잔하게 흐를 뿐이다. 넓은 품을 열고 강가의 집과 언덕들을 맑게 비추는 강물. 마치 정열도 욕망도 안으로 다스리고 달관에 이른 여인처럼 물길은 고요하기만 하다. 소리 높여 주장하지 않고 인내와 너그러움으로 조용히 사랑을 베푸는 여인 같다.

지난 정월 대보름날이었다. 해가 진 지 얼마 안 되어 강변은 어스름에 싸이고 보름달은 환영처럼 희미하게 떠오르고 있었다. 그 무렵 손에 짐꾸러미를 든 여인들이 서너 명씩 무리를 지어 강변으로 모여들기 시작했다. 그들은 강둑에 나란히 자리를 잡고 불을 피우고 밥을 짓는가보았다. 그러고는 촛불을 켜놓고 강을 향하여 수없이 두 손을 비비며 허리 굽혀 절을 하는 것이었다. 그들은 밥을 강물에 던져 넣으며 입으로는 나지막하게 기도를 하며 오랫동안 절을 하였다. 촛불이 꺼질까봐 이리저리 옮겨 바람을 막아가며 계속 허리를 구부리고 있었다. 그들 중에는 나이가 든 아주머니들이 많았으나 아주 젊은 여인들도 있었다.

'요즈음 세상에도 저런 사람들이 있구나!'

난 감동하여 그 광경을 바라보고 있었다. 그들이 켜놓은 조그만 불빛으로 강둑은 점점이 희미하게 빛났다.

그들은 무엇을 그렇게 기도했을까?

우리의 옛 여인들이 그래왔듯이 자식을 위해, 또 남편을 위해 소박한 기원을 했을 것이다. 그 중에는 이길 수 없는 슬픔을 강물에 실려 보내는 여인들도 있었으리라. 아마 수백 년 전부터 여인들은 강변으로 기도를 하러 나왔을 것이다. 옛날에는 배밭이었다는 이곳에서 보름달빛 아래에 흰 옷을 입고 쪽머리를 한 여인들이 강을 향하여 두 손을 모으고 절을 하였으리라.

구속하고 요구하는 이기적인 사랑이 아니라 기도하고 기다리며 용서하는 것이 옛 여인들의 사랑 법이었다. 세상이 달라지고 인심이 변했다고 하나, 변함없이 흐르는 강물처럼 여인들의 순수한 사랑도 면면히 이어져오는 것이리라.

요즈음 강가에서 나는 사랑을 배우고 있다.

서두르지 않고 투정하지 않는 맑고 고요한 사랑. 모든 것을 수용하되 흘려보낼 줄도 아는 사랑을…….

겸손하게 몸을 낮추어 아래로아래로 흐르는 강물 같은 사랑을 배우는 것이다.

(1989)

작은 상자, 큰 상자

강변으로 길을 달리다보면 길가에 열을 지어 서 있는 높은 아파트들을 볼 수 있다. 집집마다 작은 창을 허물고 큰 창을 만들어서 예쁜 커튼들을 걸어놓고 있다. 조금이라도 더 많이 강변풍경을 즐기려고 창을 넓힌 모양이다.

아마 까마득한 옛날에 우리의 조상들은 이 강변에 움집을 짓고 살았을 것이다. 나무로 불을 피우고, 흙으로 그릇을 만들며 평화롭게 살았으리라. 아마도 그들은 이 강변에 자동차들이 다니고, 높은 아파트들이 서 있는 세상이 오리라는 것을 상상도 못했을 것이다.

아파트들은 마치 시멘트 상자를 차곡차곡 포갠 것 같아 보인다. 이 허공에 떠 있는 상자가 바로 우리들의 보금자리인 것이다.

우리는 조금이라도 흙과 가까이 하고 싶어서 화분에 꽃을 심어 가꾼다. 어떤 집은 조그만 분수도 만들어놓고 돌도 주워다 아기자기하게 정원을 꾸며놓기도 한다. 우리들은 그 속에서 꿈을 꾸고, 아이들을 기르고, 늙어간다. 그리고 사람들은 점점 더 큰 상자로 옮겨가고 싶어 한다. 그래서 돈을 벌려고 애를 쓰고 몇 년에 한번씩 이사하기를 마다 않는다.

어쩌면 인간은 태어나서부터 죽을 때까지 상자에서 상자로 옮겨가며 살아가는 게 아닐까. 어머니 뱃속에서 나와서는 병원 영아실의 조그만 상자 속에 누워 있고, 혹시 너무 성급하게 세상에 나온 아이들은 인큐베이터 상자 속에서 자란다.

자라서는 바퀴 달린 상자를 타고 등교를 해서 지붕이 있는 큰 상자 안에서 공부를 한다. 점심시간에는 작은 알루미늄 상자에 든 밥을 먹고, 간식으로는 조그만 종이상자에 든 과자를 먹는다. 집에 오는 길에는 거리에 서 있는 상자 속에 들어가 전화를 건다. 그리고 다시 독서실이라는 칸막이 상자에 들어가서 공부를 하기도 한다.

문명이 점점 발달할수록 사람들은 더 많은 상자를 만들어내고, 우리들은 상자를 떠나서는 하루도 살 수 없게 되어간다.

가령, 아침에 일어나면 부엌에 있는 차가운 네모상자에서 작은 종이상자에 든 우유를 꺼내어, 전자레인지 상자에 넣어 데워서 마신다. 식탁 위의 작은 상자에서 나오는 음악을 들으며 시간에 맞추어서 현관문을 나서서, 수직으로 이동하는 큰 상자를 타고 내려간다. 땅 밑을 달리는 긴 네모상자를 타고 도심에 내려서 빌딩이라는 높다란 돌상자에 들어가, 다시 올라가는 네모상자를 타고 사무실로 들어선다.

일을 하다가 휴식시간이 되면 복도에 서 있는 네모상자에서 커피 한 잔을 뽑아 마신다. 퇴근길에는 목욕탕에 가서 뜨거운 김이 나오는 큰 나무상자 속에 들어앉았다가 나온다. 집에 도착하여 아파트 1층에 있는 작은 네모상자를 열고 편지들을 챙겨 들고 온다.

옛날 사람들은 저녁밥을 먹고 나면 밖에 나가서 달을 구경하며 놀았다. 둥근 달 속에서 계수나무와 토끼를 찾으며 상상도 하고 아름다운 이야기도 만들었다. 그러나 요즈음의 우리들은 저녁이면 네모난 바보상자를 바라보며 앉아 있다. 그 현란한 영상과 자극적인 대사에 마음을 빼앗기고, 복제품 같은 이야기에도 울고 웃는다.

식구들끼리 이야기를 나눌 시간은 점점 줄어든다. 각 사람들은 방에다 또 TV처럼 생긴 컴퓨터라는 상자를 하나씩 가지고 있어, 가족들과 서로 이야기하기보다는 그 상자를 들여다보며 글자를 썼다 지웠다 한다.

컴퓨터를 들여놓은 후부터 우리 집에는 바벨탑을 쌓은 후처럼 언어에 혼란이 생기고 있다.

"아빠, 한글 도깨비 가지고 계셔요…?"

"화면이 왜 뜨지 않지? 컴퓨터 바이러스에 걸렸나봐…."

"터보 파스칼 버전 5.5가 나왔대요…."

내가 알아들을 수도, 이해할 수도 없는 도깨비 같은 대화들이 오고 간다. 나는 완전히 문맹자가 되어 소외감을 맛보아야 한다.

세상은 점점 삭막해지고 이기심으로 사람들은 상자 속에 들어앉은 듯 주위와 담을 쌓고 산다. 부자들은 집 안에 불에도 타지 않은 상자를 가지고 있고, 그 속에 또 작은 상자들을 넣고 산다. 도둑들은 그 상자 속의 작은 상자들을 훔치려다 붙잡혀서 철창이 달린 큰 상자 속에 갇혀버리고 만다.

사람들이 상자를 좋아하다보니, 명절이면 선물상자를, 결혼할 때에는 예물상자를 주고받는데 이것이 문제가 될 때가 많다. 하기는 이 세상의 모든 죄악과 불행이 상자 때문이라는 신화도 있다. 판도라가 하늘에서 가져온 상자의 뚜껑을 열지만 않았다면…….

사람들의 마음도 사는 모습도 점점 모난 상자처럼 되어가는 것만 같다. 각자의 삶은 개성을 잃어가고 틀에 박힌 듯이 규격화되어 다른 사람의 사는 방식을 모방해간다. 인간으로서 진정으로 추구해야 할 본질적인 문제보다는 물질적이고 가시적인 삶에다 가치를 둔다.

우리는 누구나 조그만 보석 상자를 원하고, 커다란 시멘트 상자를 바라면서 어디로 가는 것일까.

우리가 최후로 몸을 눕힐 곳은 어딘가. 결국은 기다란 나무 상자가 아닌가.

서글픈 일이다. (1991)

혜성이 가까이 올 때

멀리서 반짝이는 별 하나가 점점 가까이 오고 있다. 나는 그 별이 나에게로 왔으면 하고 간절히 기도하고 있었다. 순식간에 불똥 같은 별이 내 앞으로 다가오고 내가 그 별을 삼키는 순간 잠을 깼다.

20년 전 정초 어느 날의 꿈이었다. 그 해에 첫아이를 낳았다. 조그맣고 예쁜 딸아이였다.

병원에서 퇴원하여 남편과 텅 빈 아파트에 돌아왔을 때에는 외국생활의 쓸쓸함이 더욱 가슴을 파고들었다.

그러나 아기를 보면, 나에게만 허락된 특별한 축복인 듯, 가슴 벅찬 기쁨에 참으려고 해도 자꾸만 웃음이 나왔다.

꿈에서 본 혜성은 내 생애에 중대한 의미를 가져다주었다. 하나의 탄생— 내 생명을 이어갈 나의 분신分身을 가져다준 것이다.

1985년은 핼리 혜성이 우리 지구에 가까이 오는 해였다.

혜성은 태양계의 먼 끝 수억 킬로미터의 거리에서 긴 꼬리를 불태우며 지구를 찾아온다. 지구의 무엇이 그리워 광활한 우주를 가로질러 수십 년 동안 달려오는 것일까? 무명無明의 내 삶에 한 줄기 광휘를 비추러 오는 것인가?

혜성이 가까이 온다는 소식은 나를 가슴 설레게 했으나, 행운을 예감하기에는 나의 봄은 너무나 스산했다. 예고도 없이 찾아온 마흔이란 나이는 큰 충격이었다. 가정이란 울안에 안주하며 해놓은 일 없이 짧지 않은 세월을 살아온 걸 알았기 때문이다. 나는 심한 갈등과 허무를 느꼈다.

광대무변한 우주공간에 떠 있는 한낱 티끌만한 내 존재.

또한 영겁 가운데서 단지 찰나일 뿐인 내 짧은 인생.

그러나 우주의 시원始原에서 종말에 이르기까지 전무후무한 존재가 또한 '나'가 아니던가?

나는 앞으로 살아갈 날들의 소중함을 확인하고 싶었다. 더 늦기 전에 글 쓰는 일을 통하여 '나'를 찾고 싶었는지도 모른다.

내가 자는 동안에도 혜성은 점점 가까이 오고 있었다. 내 생활에도 조금씩 변화가 일고 있었다. 글을 쓰기 시작했고 무심하게 보이던 사물이 의미를 갖기 시작한 것이다.

혜성은 그 멀리서도 아스라한 빛으로 사물 하나하나를 조명照明하여 나에게 신선한 놀라움을 안겨준 게 아닌지? 글쓰기를 즐겨하는 몇몇 사람들이 모이게 되어, 그동안 쓴 글들을 모아

같이 책 한 권을 펴내기로 했다.

이름하여 〈다시 태어남을 위하여〉.

그것은 핼리 혜성이 이 지구에 가장 가까이 온 1985년 11월의 일이었다. 출판사에서 우리들의 책을 한 아름 받아오던 날 밤, 난 잠을 이루지 못했다. 딸을 낳았을 때와는 또 다른 감동이었다. 기쁨 가운데에는 앞으로 글을 쓰면서 갖추어야 할 정신의 치열함에 대한 두려움이 섞여 있었다.

혜성은 태양을 돌아서, 지난여름에 다시 한 번 지구 가까이에 왔다. 나는 그때 추천이 끝나서 등단의 기쁨을 안게 되었다.

혜성은 나에게 생애에 다시없을 영광을 선사한 것이다.

나의 존재는 문학을 함으로써 티끌 같은 생명에도 꽃을 피우고, 영혼의 날개를 단 듯 시간을 초월할 수 있으리라.

나는 글에 대한 열망을 한 톨의 씨앗처럼 키워왔는지도 모른다. 글이 주는 감동은 나의 모든 것을 수용해준다. 내가 한없이 못나게 생각되어도 한 줄의 글을 쓸 때 나는 여왕처럼 당당할 수 있다. 때로는 모국어의 아름다움에 취해 물 흐르듯이 붓이 나갈 때가 있으나 경박한 사고와 얕은 지식, 표현의 미숙은 괴로움과 부끄러움을 동반한다. 그러나 책상 앞에 앉아 새하얀 원고지를 대할 때 나의 마음은 비워지고 주위는 조용히 잠들어 안온과 평화가 나를 감싼다.

바라기는 나의 글이 생활의 투영이고, 정직한 자성自省의 글이었으면 한다. 그리고 모든 사물과 자연과 인간에대한 따뜻한 애정의 표현이기를 원한다. 또한 지금은 사라지고 없는, 우리가 잃어버린 모든 것에 대한 애틋한 그리움이었으면 한다. 나는 언제까지나 신인新人의 목소리로 말하기를 원한다. 어눌하지만, 나지막하고 맑은 목소리로 삶을 이야기하고 싶다.

다행히 내 글을 읽어주는 사람이 있어 공감하고 같이 그리워하고, 위안받을 수 있다면 나는 이 서툰 일에 좀더 용기를 가지리라.

지금은 이미 태양계를 벗어나 은하계 너머로 사라지고 있을 핼리 혜성. 아마도 앞으로 나는 원고지를 앞에 놓을 때마다 멀리 사라진 별을 생각할 것이다. 내가 지구상에 흔적조차 없어진 먼 훗날에, 내 삶이 편편이 조각된 나의 조그만 문학이 어느 골목 안 외로운 영혼과 만나고 있다면 그건 아마 서기 2032년경이 될 것이다.

그해는 지금부터 76년 후, 다시 혜성이 가까이 오는 해이므로.

(1986)

풀꽃들을 위하여

나이 탓일까, 예전엔 눈여겨보지 않았던 이름 없는 풀꽃들에게 자주 눈길이 간다. 이리저리 발길에 채이는 흔하디흔한 풀이요, 더러는 꽃이랄 것도 없이 자잘한 씨방들이 모여 발그레한 빛을 세우는 앉은뱅이들. 바람이 불면 부는 대로 눕고 바람이 지나가면 부스스 눈을 뜬다. 돌 틈 사이를 비집고 머리를 내밀어 하늘을 향해 숨쉬고, 황량한 들판이나 어둠에 갇혀서도 때가 되면 꽃을 피운다. 얼었던 겨울이 지나고 따뜻한 봄기운이 돌기 시작하면 누구보다 먼저 고개를 드는 민들레, 제비꽃, 할미꽃…….

집 근처에 있는 초등학교 운동장에는 한옆으로 풀꽃들이 자라고 있어 아침 산책길을 흐뭇하게 해준다. 온통 시멘트로 된 아파트 동네에서 잠시나마 고향의 흙냄새를 맡은 듯 푸근해지는 것이다. 지난 가을 늦도록까지 담장에 덩굴지어오르던 나팔꽃과 초롱불을 밝힌 듯한 호박꽃. 어린 시절 들판 길에서 언제나 마주치던 별빛을 닮은 달개비꽃, 망초, 싸리꽃… 까마득하게 잊고 살던 반가운 모습들이었다.

설악산 등반 때에 본, 대청봉 가까이에 지천으로 피어 있던 작은 단추만한 보라색 꽃들, 산자락을 돌면 큰 나무덤불 아래 등불처럼 다소곳이 피어 있는 오렌지색 산나리꽃. 그들은 마치 외로움을 이기고 있는 순결한 영혼처럼 지나가는 사람들에게 잔잔한 기쁨을 안겨주었다.

어느 봄날 관악산 기슭에서 만난 진달래 꽃무리들을 나는 잊을 수가 없다. 막 돋아나기 시작하는 아기잎들 사이에서 진분홍색 꽃잎들은 가늘게 떨고 있었다. 나는 그들의 숨결을 가깝게 느꼈다. 그래서 그들이 맑은 혼을 가진 생명체임을 알게 되었다. 이 땅의 산과 들에 피는 꽃들은 우리와 함께 더불어 살아가는 존재임을.

그 이후 나는 한동안 꽃을 사지 않았다. 꽃상가에는 언제나 먼 나라에서 온 신부들같이 매혹적인 꽃들이 피고 있다. 빨강 노랑 장미, 수선화, 아이리스…….

나는 차마 살 수가 없어 한 바퀴 두 바퀴 돌다가 그냥 나오곤 했다. 어떻게 꽃을, 생명을 돈으로 살 수가 있으리.

길에서 보게 되는 버려진 꽃들은 커다란 슬픔을 안겨준다. 화려한 잔치나 결혼식이 끝나고, 모가지만 뎅강뎅강 잘린 국화나 글라디올러스들이 화환에서 시들어가는 모습. 폐화가 되어 꽃바구니와 함께 버려진 것을 보면 인생의 이면을 보는 듯한 비애감을 느끼게 된다. 화려한 개화 뒤에 오는 그림자 같은 절망감이 내 가슴을 파고드는 것이다. 내가 꽃이라면 차라리 산골짜기에 핀 향기없는 풀꽃이 되고 싶다.

최근에 내가 만난 사람들을 떠올려본다. 묵묵히 고개 숙여 기도하며 사는 풀꽃 같은 사람들. 산동네에서 살며 어린 나이로 공장일을 하며 동생과 할머니를 부양하는 소녀. 동회에서 주는 배급 쌀로 외손주들을 기르는 할머니. 산꼭대기에 다닥다닥 붙어 있는 작은 집들. 그러나 그곳에는 삶이 있고 인정이 있고 눈물이 있었다.

며칠 전에는 태어날 때부터 뇌성마비를 앓아 움직임이 부자유한 어린이들을 보았다. 부모 앞에서 한창 재롱을 부릴 네댓 살의 아이들이지만 운동신경의 마비로 그들은 누워서만 지내는 것이다. 팔다리는 너무 가늘어 갓난아이만 하고 말 한마디 할 수 없지만 그들의 눈동자는 너무나 깨끗하였다. 그래도 이름을 부르면 알아듣고 미소를 띠곤 했다. 그들은 마치 받침대가 없으면 바로 서지 못하는 파리한 나팔꽃들 같았다.

그들을 보면서 한 작은 생명의 무게를 느낄 수 있었다. 지구보다 무겁다는 생명의 귀중함이 새삼 가슴에 와닿았다.

얼마 전에는 신문에서 백두산 산자락에 피어 있는 야생화들의 사진을 보며 마음이 설레었다. 백두산의 그 사나운 바람과 눈보라 속에서도 꽃을 피우는 풀꽃들. 이름도 어여쁜 우리말의 '구름 패랭이꽃, 바위 구절초, 두메 양귀비, 노랑 만병초…… 그리고 가시 오가피…….'

5월에도 눈이 내린다는 백두산에 홀로 피었다 지는 꽃.

그들은 이념이나 사상에도 상관 않고, 전쟁이건 평화시절이건 가리지 않고 핀다. 거센 비바람에 때로 꽃잎이 찢어지고 무지러지기도 하겠지만, 그 뿌리는 단단하게 땅에 박혀 있어 흔들리지 않으리라.

머지 않아 봄이 오면 우리 산야 어디에나 좁쌀풀, 쑥부쟁이, 원추리, 봄맞이꽃들이 피겠지.

북녘땅 어디에선가도 피고질 내 어릴 적 단발머리 친구들 같은 꽃들이…….

(1990)

빈 콜라병

얼마 전에 〈부시맨〉이란 영화를 재미있게 본 적이 있다.

비행기를 타고 상공을 날던 비행사가 우연히 던진 빈 콜라병이 아프리카의 오지에 사는 부시맨의 부락에 떨어져 소동을 빚게 된다.

자기 것에 대한 소유개념이 없이 무엇이든지 서로 나누어쓰던 평화로운 마을에서 하늘이 보내준 이 신기한 물건으로 인해 서로 분쟁을 일으키게 되는 것이다.

그들은 콜라병으로 나무를 마찰하여 불을 일으키고, 반죽을 밀기도 하고, 입에 대고 불기도 하며 서로 가지려고 싸운다.

급기야 이웃끼리 피를 흘리게 되자, 한 현명한 부시맨이 콜라병을 다시 하늘에 되돌려주기 위해 땅 끝을 향해 길을 떠난다.

가는 도중 문명사회를 만나 사람들과 충돌하기도 하고 감옥에 갇히기도 하지만, 그의 착한 마음에 감동한 문명인들이 같이 살기를 원하나 뿌리치고 다시 길을 떠난다. 드디어 땅 끝인 절벽에 이르러 콜라병을 하늘을 향하여 높이 던져서 돌려주고는 홀연히 고향으로 돌아가는 것이다.

현대문명과 상업주의의 상징인 콜라병으로 인한 인간성의 파괴를 풍자적으로 그린 영화였다. 그리고 한편 욕심 많은 인간들의 문명사회와 천진한 마음을 가진 미개인의 평화스러움이 잘 대비되어 인상적이었다.

현대사회는 점점 경제생활이 중요한 부분을 차지해가고 있다. 물질의 가치보다 정신의 소중함을 우위에 두던 전통적인 가치관은 무너져가고, 보다 많이 소유하고 보다 많은 쾌락의 향유를 목표로 삼고 살아간다.

그래서 뜨거운 여름날 시원한 우물물에 미숫가루를 타마시고 부채를 부치며 유유자적하던 옛사람들과 달리, 요즈음의 우리들은 냉장고에서 꺼낸 콜라 한잔을 마시고 다시 이리저리 바쁘게 뛰는 것이다. 보다 많은 재산과 지식, 보다 많은 정보를 소유하기 위해.

콜라는 그 톡 쏘는 맛부터가 자극적이어서 마시면 마실수록 더 갈증이 난다. 그것은 마치 채우면 채울수록 더 가득 채우고 싶은 우리의 그 끝없는 욕망과도 같다고 할까.

그래서 옛 현인들은 그 끝없는 갈증을 풀기 위해 모든 것을 버리고, 자기 자신도 비울 것을 가르치셨다.

가장 크게 버린 자가 가장 큰 것을 얻는다고 하던가.

사실 우리는 일상에서 어떤 비어 있는 풍경이나 사물을 통해 영혼의 충만함을 얻을 때가 많다. 각박한 우리의 삶에서 한번쯤 자신을 되돌아보게 만드는 것이 이 비어 있는 것의 쓸쓸한 아름다움일 것이다.

추수가 다 끝난 텅 빈 들판이라든지 썰물이 빠져나간 갯벌.

경기가 모두 끝난 뒤의 텅 빈 스타디움. 환호성으로 요란하던 사람들도 다 돌아가고 넓은 운동장에 섰을 때 새삼 우리 존재의 미약함이 가슴에 와 닿는다.

기다리는 편지가 오지 않는 텅 빈 우편함. 손에 아무것도 잡히지 않는 공허함은 다시 내일에 대한 희망으로 따스하게 이어진다. 손으로 튕기면 맑은 소리가 울려올 것 같은, 아무 꽃도 꽂혀 있지 않은 빈 항아리는 넉넉한 느낌을 준다.

누군가 빈 집에 혼자 있어본 자는 깨달으리라. 식구들이 모두 집을 비우고나서야 그들의 체취가 더 진하게 풍겨옴을.

빈 손을 마주 잡고 뜨겁게 기도를 할 때 나의 손이 문득 크고 두터워짐을 느끼기도 한다.

언젠가 올 사람을 기다리는 듯한 빈 의자…….

우리가 존재의 밑바닥까지 응시할 때는 무언가 크게 잃고 난 후가 아니던가. 그래서 '나'를 찾기 위해 선지식善知識들은 모든 소유를 버리고 인연의 연연함으로부터 벗어나 산 속에서 용맹정진하는 것이리라.

예수님께서도 어린아이 같은 천진함이 없이는 천국에 들어갈 수가 없다고 하셨다. 어쩌면 모든 문명을 등지고, 아무 가진 것 없이 어린아이같이 무구無垢하게 사는 부시맨들이야말로 자신의 바탕을 잃지 않은, 도道를 실천하는 사람들인지도 모른다.

빈 콜라병에 가득히
빈 콜라가 들어 있다
넘어진 빈 콜라병에는
가득히 빈 콜라가 들어 있다

빈 콜라병에는 한 자락
밝은 흰 구름이 비치고
이 병을 마신 사람의
흔적은 아무 데도 보이지 않는다

넘어진 빈 콜라병은
빈 자기自己를 생각하고 있다
그 옆에 피어난 들국화 한 송이
피어난 자기를 생각하고 있듯이

불고가는 가을바람이
넘어진 빈 콜라병을 달래는가

스스로 풀어내는 음악이
빈 콜라병을 다스리고 있다

—신동집의 시 '빈 콜라병'에서

언제나 크고 작은 욕망에 시달리는 나는 나의 생애 언제쯤이나 모든 집착을 버리고 명경지수 같은 마음으로 참 나를 찾는 경지가 될 것인가. 빈 콜라병처럼 맑은 하늘과 구름을 비출 그런 때가 한 번이라도 올 것인가. 모든 것들을 쏟아부어버림으로써 비로소 내부가 가득 차는 그런 날이…….

(1989)

겨자씨

남편이 중동에서 일한 적이 있는 R여사로부터 건네받은 것은 책갈피 사이에 끼우는 작은 책꽂이였다.

그것은 종이를 비닐 코팅한 것으로 분홍빛 수실이 달려 있었다. 표면에는 잎이 무성한 한 그루 나무의 사진이 인쇄되어 있고, 그 사진에 대한 설명이 아래에 적혀 있었다.

> 이 사진은 나사로의 무덤교회 앞에 서 있는 겨자나무의 모습이며 아래는 그 겨자씨의 실물입니다.

나는 그 사진 아래에 있다는 겨자씨를 찾았지만 아무것도 보이지 않았다. 그러나 자세히 들여다보니 연한 갈색 점이 하나 눈에 들어왔다. 그것이 바로 겨자씨였다. 아, 이렇게 작을 수가…….

'예수님께서 지극히 작은 것을 말씀하실 때 자주 비유하시던 겨자씨가 바로 이것이구나'

하고 생각하니 형용할 수 없는 감동이 물결쳐 왔다.

그것은 좁쌀보다도 더 작은, 갈색 연필로 꼭 찍어놓은 듯한 점일 뿐이었다. 이 작은 씨앗이 자라서 큰 나무가 되고 새들이 깃드는 숲을 이루는 것이리라. 이 세상의 모든 나무와 숲들도 결국 한 알의 씨앗에서 자란 것일 게다. 하늘이 안 보인다는 아마존의 원시림도 한 알의 씨앗이 모여서 자란 것이라면…….

나는 갑자기 개안開眼이라도 한 듯한 전율을 느꼈다. 씨앗에서 싹이 트는 이 평범한 진리가 인간세계의 비밀을 여는 열쇠같이 느껴졌다. 보일 듯 말 듯한 점 하나가 가진 생명력이 세계를 가득 채우고, 또 움직이게 하는 것이 아닌가. 작은 점 하나지만 있는 것과 없는 것은 엄청난 차이가 나는 것이다. 어떤 작은 것이라도 존재하는 모든 것은 원대한 미래를 내포하는 것이리라.

나는 문득 나를 둘러싸고 있는 모든 사물들이 겨자씨의 크기와 대비되어, 나를 짓누를 듯이 확대되어 보이는 것 같았다.

방에 놓여 있는 화분, 가구들, 여기저기 쌓여 있는 책들, 그리고 보다만 신문……. 또한 내가 대수롭지 않게 여긴 하루하루의 시간, 그리고 그 틈바구니에서 만나는 사람들, 나의 느낌, 생각의 흐름……. 그냥 스쳐지나버리던 이런 모든 것이 무거운 의미가 되어서 다가왔다. 씨앗이 나무가 되는 이 신비한 아름다움을 그동안 아무 느낌도 없이 간과해온 것 같았다.

내가 보내는 하루하루의 일상에도 겨자씨처럼 생명의 핵이 내재한 것이 아닐까. 우리의 일상이 모여서 숲처럼 청정하고 생명력이 가득한 삶을 이룰 수 있다면……. 아마 사람과 사람의 만남도 겨자씨만한 사랑이 싹터서 나중에는 사랑의 숲을 이루게 되는 것일 게다.

예수님은 제자들에게 겨자씨만한 믿음을 가지라고 말씀하셨다. 한사람 한사람의 믿음의 씨앗이 자라서 하나님의 나라를 확장시키는 것이리라.

그 책꽂이에는 중동선교를 위한 모금을 위해서 만들어졌다고 써 있었다. 10억의 회교도를 향한 선교를 위해서 많은 기도와 협조를 부탁한다고 써 있다. 알라신을 숭배하며 그 계율이 철저한 회교권에 정말 그리스도의 복음이 전달될 수 있을까. 그러나 철옹성 같던 공산권이 무너지는, 상상할 수조차 없던 일이 일어남을 우리는 지금 보고 있지 않은가.

우리가 도저히 불가능하다고 생각되는 일도 가능하게 하는 것이 이 겨자씨가 일으키는 기적인 것 같다. 그리고 그것은 우리의 삶 곳곳에 내재해 있는 가능성이며 희망이리라.

작은 기도, 작은 정성이 모여서 훗날에는 기적과 같은 큰 성과를 이루게 된다. 내가 들고 있는 이 작은 책꽂이도 이슬람

권의 선교를 위해서 작은 겨자씨가 될 것이 틀림없다는 생각을 해본다.

(1992)

거북의 선행善行

얼마 전 신문에 난 작은 기사는 지금도 가끔 내 머리에 떠오르며 이 각박한 세상에서도 한 순간의 미소를 선사하곤 한다.

그 내용은, 한 원양어선에서 조업 중이던 선원이 갑판에 파도가 덮치면서 바다에 떨어져 실종되었다고 한다. 그런데 마침 커다란 거북을 만나서 그 등에 타고 이틀 동안 떠다니다가 구조되어 살아났다는 소식이었다.

정말 전설 같은 이야기이다. 구조된 선원의 말에 의하면 그 거북이 자기에게 상당히 우호적이었다는 것이다. 아마 말은 안 통해도, 생명끼리의 따뜻한 느낌을 서로 가졌던 것이리라.

거북을 바다로 돌려보내며 바나나랑 생선으로 대접을 했다 하니, 생명의 은인恩人, 아니 은구恩龜에 대한 대접치고는 좀 조출한 감이 들지만 거북이기에 다른 특별한 보답을 할 길이 없었을 것이다.

나는 이 기사를 읽고 '하나님이 보고 싶어 하시는 이 세상의 모습이 바로 이런 것이 아니었을까?' 하는 생각이 들었다.

인간과 짐승도 서로 사랑하며 도와가는 세상…….

창세기에는, '하나님은 땅과 바다와 모든 생물을 창조하시고, 보시기에 좋았더라'고 거듭 써 있다. 조물주가 자신의 아름다운 작품을 보고 만족해하는 모습이다. 그러나 지금의 이 세상은 어떠한가. 자연은 황폐하고 공기와 물은 오염되고, 사람들은 너무나 사악해져가고 있다. 그 기사가 났을 때는, 중동에서는 걸프 전쟁이 한창이라 미사일이 날고 서로가 적을 죽이는데 온 힘을 쏟고 있었다.

이 세상에 종말이 가까워왔다는 소문이 무성하고, 사람이 사람을 잡아다 팔아먹는 무서운 사건들로 우리는 하루인들 안심하고 살 수 없는 때였다. 그러나 인간세계의 추악함을 비웃듯이 한 귀중한 생명을 구하고 유유히 사라져간 거북을 생각하면 '이 세계에는 어딘가에 우리가 꿈꾸는 아름다운 나라가 숨어 있는 게 아닐까?' 하는 희망을 갖게 된다. 어쩌면 옛날 이야기에 나오는 동물들의 선행도 다 사실이 아니었을까. 나무꾼에게 은혜를 갚은 사슴이야기, 콩쥐를 도와준 두꺼비, 〈삼국유사〉에 나오는 처녀로 변해 은혜를 갚은 호랑이 이야기 등…….

스커드 미사일이 날고, 컴퓨터가 인간의 지능을 대신하는 이 시대에도 거북의 등에 사람이 타고 항해를 하는데, 호랑이가 담배 먹던 시절에야 인간과 짐승의 교분이 더 돈독하지 않았겠는가.

성경에 보면 구약시대에 '요나'라는 사람은 사흘 동안 큰 물고기 뱃속에 들어 있다가 살아 나왔다는 기록이 있다.

그는 '니느웨로 가라'는 여호와의 명령을 듣지 않고 다시스로 가는 배를 탔다가 풍랑을 만나, 바다에 던져져 물고기에게 삼켜졌다가 다시 육지로 나온다. 정말 인간의 이성으로는 믿기 어려운 일이다. 그러나 실제로 제2차대전 때에도 어떤 군인이 고래 뱃속에 있다가 구출된 일이 있다고 한다. 아마 이번 거북의 선행도 같이 본 사람이 없다면 모두를 믿기 어려웠을 것이다. 아무래도 이 사건은 그냥 우연한 일은 아닌 것 같은 생각이 든다. 혹시 그 선원의 조상 가운데 그 거북에게 은혜를 베푼 사람이 있었는지도 모른다. 그래서 거북은 수십 년을 기다려 보은을 한 영험한 동물인지도……. 혹은 그 선원의 무사함을 비는 간절한 기도의 힘이 기적을 일으켰는지도 모른다.

정말 자연계의 신비는 아직도 무궁무진한 것 같다. 아무리 미물일지라도 이 세상에 필요 없이 생긴 것은 없을 것이다. 조그만 벌레 한 마리도 자연의 질서에 기여하고 있는 것이리라.

인류가 진정 행복하기 위해서는 다시 한번 자연으로 돌아가야 되지 않을까. 극도로 발달한 산업사회는 물질주의와 상업주의를 낳고, 사람들은 점점 선善에 대해서 무감각해지고 있다. 이 땅 위에 더불어사는 같은 생명들끼리, 서로 투쟁하고 적대시하며, 나를 위해서 남을 짓밟는다.

상업주의는 미美의 개념마저 혼돈케 만든다. 선善을 바탕으로 한 내면적인 아름다움보다는 표피적이며 감각적인 미를 표방하게 한다. 진리를 추구하는 학문마저 인류의 복지를 위한 것이기보다는 산업화와 물질주의로 치닫는데 공헌하고 있는 것 같다. 과학의 발달은 무기를 더욱 더욱 발달시키고, 인간은 점점 기계에 의해서 지배받게 된다.

땅과 바다는 오염되어 생물들이 떼죽음을 당하고, 우리는 자신들의 환경을 파괴하고 있으니, 인간은 스스로 자신들의 묘혈을 파고 있는 게 아닌지?

먼 바다에서 나타난 거북은 분명 우리들에게 어떤 메시지를 전하려 한 것이 틀림없으리라. 우리들에게 생명의 귀중함을 깨우쳐줌으로써 깨끗한 바다를 지키려는 시위였을까?

사랑이 점점 메말라가는 시대에 사랑을 실천한 거북이.

거북의 출현은 상식과 범용의 일상에 익숙해 있는 나에게도 '보이지 않는 세계', '믿을 수 없는 세계'에 대한 인식을 다시 한번 뚜렷하게 하도록 충격을 주었다. 꿈속에서나마 푸른 바닷물에 두둥실 헤엄치는 그 현자賢者 같은 거북을 한번 만나보고 싶다. 그래서 아름다운 삶을 살기 위한 예지叡智를 얻고 싶다.

(1991)

잔인한 여름

삼풍백화점이 무너졌다는 충격적인 소식을 들은 것은 하지夏至를 지난 지 일주일 가량 된 날이었다. 나는 작년의 그 숨막히던 무더위를 생각하며, 거실에 돗자리를 깔고, 에어컨을 점검하며 여름을 견디어 낼 준비를 하고 있었다.

긴 여름 해가 거의 기울기 시작할 무렵이었는데 텔레비전에서는 '삼풍백화점 붕괴'라는 자막과 함께 가운데 토막이 두부모처럼 잘려나간 연보라색 건물의 영상이 비치고 있었다. 그것은 도심 한가운데의 어처구니없는 폐허였다. 폭격을 맞은 것 같은 콘크리트 더미, 구부러진 철근 조각들…… 그 아래에는 수백 명의 생명이 깔려 있다고 한다.

언젠가 나는 이 도시의 빌딩들이 '눈을 뜨면 사라지고 말 꿈 속의 풍경이 아닐까?'하는 생각을 한 적이 있는데, 내 눈앞에서 한 건물이 신기루처럼 사라지고 말다니…….

가끔 백화점 앞 언덕길을 지나갈 때에 그 연보라색 건물은 무척 환상적으로 보였다. 부富와 성공을 이룬 풍요로운 사회를 상징하듯이 당당하게 서 있었고, 그 안에 있을 모든 안락함과 쾌적함, 빛남과 세련됨은 나에게 동경을 불러 일으켰다. 외국 상표 이름이 주는 낯설음과 거부감도 내 의식의 편협함 때문이라고 스스로 매도하곤 했다.

그곳은 생활에 기쁨을 주는 온갖 물건들이 쌓여있고, 가족들이 사랑을 표현하고, 문화를 체험하고, 미래를 설계하는 꿈의 궁전이었다. 그러나 그 모든 것은 순식간에 사라지고 말았다. 그곳은 고통과 공포와 통곡으로 뒤덮여 버렸다. 아이들의 웃음소리와 젊은 여성의 친절한 미소, 미래에 대한 아름다운 꿈과 소망도 무참하게 땅 속에 묻히고, 떠도는 것은 충격과 분노, 절망과 안타까움뿐이었다.

그 빛나던 보라색 건물은 모래로 지은 성城이었으며 인간의 뻔뻔스러움과 교묘한 상술로 장식된 허상이었던 것을…….

며칠을 텔레비전 앞을 떠나지 못하고 희생자들의 구출작업을 지켜보면서 오래 전에 우리를 분노하게 했던 사건들을 떠올려 보았다. 멀리는 아웅산, KAL기 폭파사건으로부터 성수대교 붕괴사건, 대구의 가스 폭발, 그리고 오늘의 이 참사. KAL기나 아웅산 사건이 적에 의해서 일어난 일이라면 나머지 사건은 우리들 자신의 내부에 있는 보이지 않는 적들에 의해 일어난 사건이 아닐까. 그동안 우리를 지배해 온 적당주의, 물질적 과시욕, '하면 된다'식의 억지와 무책임감은 우리가 유치원 시절에 배운 질서와 순리의 가르침을 모두 잊어버리게 했다. 어쩌면 이 엄청난 사건에 대한 비난의 총구는 우리들 자신에게로 향해야 되는지도 모른다.

나는 때때로 두려움을 느낀다. 소돔과 고모라, 고대 폼페이에 내린 하느님의 진노가 이 허영의 도시에도 내릴 것이 아닌가 하고. 분명 우리는 이 여름에 자신의 내부에 쌓고 있는 거짓된 성을 남김없이 허물어야 될 것이다. 탐욕과 이기심과 교만함을.

올 여름은 이 사건으로 해서 지난해의 무더위가 주던 괴로움보다 몇 배나 더 심한 괴로움을 견뎌야 될 것 같다.

이미 유명을 달리한 분들, 아직 생사조차 확인 안 된 지하에 갇힌 분들의 한恨과 고통을, 살아남은 자로서 나눌 길은 무엇인가. 앞으로 어떻게 살아야 할 것인가.

숙연해지는 하루 하루이다.

(1995)

말

이 세상에는 말을 잘하는 사람이 있는가 하면 말을 잘 못하는 사람도 있다. 그리고 말을 많이 하는 사람도 있고 말을 적게 하는 사람도 있다. 반드시 그렇지는 않지만 말을 잘 하는 사람이 대체로 말을 많이 하고 말을 잘 못하는 사람은 말을 잘 안 하는 경향이 있다.

말을 잘 못하는 사람은 자신의 어눌함을 아는 까닭에 여간 허물없는 사람들과의 만남이 아니면 말을 줄이는 것이다. 사람들 사이에 고도로 세련된 대화가 오가는 것은 네트를 가운데로 하고 흰 테니스공이 오가는 것만큼이나 경쾌하다. 말을 잘 못하는 사람의 심정은 엉뚱한 서브를 하는 것보다는 차라리 성실한 관전자가 되기를 원한다.

나도 말을 잘 못하는 축에 끼인다. 그러니 자연히 여러 사람이 모인 곳에서는 말을 하는 것보다는 듣는 쪽에 속한다. 좌중에서 화제를 이끌고 재치 있는 말솜씨로 사람들을 즐겁게 하는 분들을 보면 부러운 생각이 들 때가 많다. 제일 곤란 할 때는 내가 지목이 되어서 말을 해야 될 때이다. 그때는 무슨 말을 해야 될지 생각이 나지 않아서 대부분 웃음으로 얼버무리는데, 말을 잘 못하는 사람에게는 웃음 같이 편리한 게 없다. 재미있는 화제가 계속되어 웃음꽃이 필 때도 누구보다 열심히 웃는 게 나처럼 말을 잘 못하는 사람들이다. 모임에서 별다른 역할도 못했으니 잘 웃는 것으로라도 공헌을 하자는 심리가 무의식중에 깔려 있어서일 것이다.

그런데 말을 잘 못하는 것이 반드시 나쁘기만 한 것은 아니다. 사람들은 말을 너무 잘 하는 사람보다는 말을 잘 못하는 사람에게 더 신뢰감을 느끼는 것 같다.

친구들은 나에게, "너한테만 하는 말이지만……" 하면서 다른 사람들에게 털어놓기 어려운 이야기를 할 때가 많다. 내가 입이 무거워서 믿을 만하다는 것이다.

나는 대화를 하면서, 특히 전화를 할 때는 되도록 이야기를 줄여서 하는 편이다. 다른 사람의 이야기를 전할 때도 아무개가 이러이러하다고 하니 하는 식으로.

그런데 사람들 중에는 간접화법이 아닌 직접화법으로 전달하는 사람들이 있는 것을 알게 되었다. 집안의 어른 한 분은 이렇게 이야기하신다.

"……그래서 내가 어저께 박선생한테 전화했더니 박선생이 '할머니, 제가 내일은 꼭 찾아 뵙고 부탁하신 용건을 알려 드리겠습니다' 하길래 내가 다시 '박선생, 지난번에도 약속을 안 지켰는데 내가 어떻게 믿어요?' 했더니 박선생이 말하기를……"

그러다 보니 전화 한 통화가 20분 이상 걸리는 것이다.

말하자면 나는 수필을 쓰는 식으로 되도록 짧게 대화를 끝내는데 비해 그 어른은 소설을 쓰듯이 이야기를 길게 늘이는 것을 좋아하는 것이다.

내가 말을 잘 못하는 것은 지나치게 말을 잘하고자 욕심을 부리기 때문이 아닌가 생각되기도 한다. 말하자면 자신을 있는 그대로 보이기보다 더 낫게 보이고 싶어 하는 마음이 오히려 매끄러운 화술에 장애가 되는 게 아닐까. 사실상 말을 잘하는 사람들의 성격은 대부분이 솔직하고 남이 나를 어떻게 생각하는지에 대해서는 별 신경을 쓰지 않는 사람들이다. 나는 소심한 성격인데다 '이런 말을 하면 상대방이 나를 어떻게 생각할까?' 혹은 '이런 말을 했다가 문제가 되지 않을까?' 등을 생각하다보니 하려고 했던 말도 도로 들어가는 것이다.

어려운 자리일수록 말이란 것은 럭비공처럼 내가 생각했던 방향과는 엉뚱하게 다른 방향으로 도망간다. 글은 잘못 쓰면 지울 수도 고칠 수도 있지만, 말은 입을 통해 나가기만 하면 듣는 사람의 귓속을 향해서 질주하므로 중간에 가로막을 짬이 없다. 나중에서야 '그때 이렇게 말했으면 좋았을 걸' 하고 후회도 해보지만 아무 소용이 없다.

19세기에 에머슨이 칼라일을 처음 방문했을 때 두 사람은 한 시간을 서로 침묵하고 있다가 헤어질 때가 되어서 참으로 좋은 대화를 나누었다며 서로 치하하고 헤어졌다고 한다.

말을 안 해도 느낌으로 통하는 고요의 세계…… 말 그대로 이심전심이요. 연꽃을 들면 미소로 대답하는 향기로운 교감이 아닌가. 언젠가 과학 드라마를 보니까 미래의 세계에는 사람들 간에 서로 말이 필요 없었다. 한 사람의 느낌이 그대로 상대방의 머리에 입력이 되어 전달되는 것이다.

만약에 온 인류가 말을 안 하고도 사는 날이 온다면? 나의 고민은 없어지겠지만 큰 기쁨도 잃게 될 것이다.

말을 잘 못하는 사람일수록 남의 말을 듣는 즐거움이 크기 때문에…….

(1998)

수잔 브링클리씨에게

당신은 스웨덴 사람, 그러나 당신의 모습은 서울의 어느 길가에서 마주친 적이 있는 듯한 친밀감을 줍니다. TV를 통해 다시 본 당신의 모습은 십 년 전보다 조금 연륜이 느껴지는 여유 있는 모습이었어요. 그러나 당신의 그 고요한 미소와 맑은 표정, 차분한 말씨는 그때나 지금이나 변하지 않았군요. 나는 당신을 신유숙이라는 한국 이름으로 부르고 싶습니다. 당신의 갸름한 얼굴과 쌍꺼풀이 지지 않은 눈, 깨끗한 피부에는 그 이름이 더 어울리니까요. 당신의 나이는 서른 여섯, 어느덧 중년의 문턱에 다다랐군요.

내 막내 여동생과 비슷한 나이의 당신에게서 인생에 대한 달관이 깃든 성숙한 표정을 봅니다.

내가 최근에 본 영화 '슬라이딩 도어즈'에서는 여자 주인공이 지하철의 열린 문을 탔을 때와 그 지하철을 놓쳤을 때의 경우를 대비하며 그녀의 인생이 어떻게 달라지는지를 영상으로 보여주었습니다.

당신이 만약 어린 나이에 스웨덴으로 입양되지 않고 한국에서 자랐다면 당신의 삶은 어떠했을까요? 아버지가 돌아가신 후 너무나 어려운 살림살이에 어머니가 막내딸이라도 잘 사는 나라에 가서 굶지 않고 살기를 바라면서 입양을 결심했습니다. 그러나 어머니는 입양 기관까지 갔다가 차마 어린 것을 떼어놓지 못하고 발길을 돌렸다면 말입니다. 영화에서처럼 당신은 다른 인생을 살게 되었겠지요.

지금쯤 한두 아이의 엄마가 되어 있겠지요. 아마도 당신은 평범하나 성실한 회사원을 만나서 단란한 가정을 꾸리고 있을 것입니다. 어린 시절에 집안은 가난하지만 언니들, 오빠와 엄마의 사랑 아래서 당신은 외로움이 무엇인지 모르고 천진하게 자랐을 것입니다. 가난은 불행이 아니니까요. 집안이 어려웠지만 당신은 열심히 공부하여 나름대로의 커리어를 쌓았을 것입니다. 글쎄요, 당신의 인상으로는 중학교의 미술 선생님이 되었거나, 꽃가게나 팬시점 같은 곳을 운영하지 않았을까요? 지금쯤 유치원이나 초등학교에 다니는 아이들의 교육에 온갖 정성을 다하고 있겠지요. 그리고 주말에는 남편과 두 아이와 함께 아이들이 좋아하는 패스트푸드점에도 가고, 봄이 되었으니 서울대공원에 가서 물개나 기린 구경도 하겠지요.

저녁이면 남편과 머리를 맞대고 집 장만에 대해서 의논하고, 아이들을 재워 놓고 주말의 명화를 보고, 때로는 한가한 시간에는 어린 시절의 추억을 되새기며 미소를 짓기도 하겠지요.

그러나 당신은 첫돌 무렵에 머나먼 나라로 가야 했습니다. 어디로 왜 가야 하는지도 모르는 채 스웨덴의 한 가정으로 입양된 것입니다.

행운의 여신은 당신 편이 아니었습니다. 당신은 양부모의 학대를 받으며 자랐습니다. 좋은 양부모를 만나 행복하게 자란 입양아들도 있지만 당신은 그렇지 못했던 것입니다. 어릴 때의 소원은 오직 하루 빨리 자라서 만 18세가 되어 지긋지긋한 가정에서 벗어나는 것이었다지요. 어린 나이에 얼마나 외로웠겠습니까? 더구나 생김새가 혼자만 전혀 다른 환경에서 얼마나 고립감을 느꼈겠습니까? 세월은 흘러 당신은 18세가 되고 또한 사랑을 하게 됩니다. 그러나 그 사랑도 배신으로 끝나게 되지요.

아기를 가졌다는 말에 남자는 떠나버리고 맙니다. 당신은 다시 혼자가 된 것입니다. 나는 십 년 전의 인터뷰를 기억합니다. 왜 미혼모로서 아이를 낳았느냐는 질문에 당신은 대답합니다. 너무나 외로워서요. 단 하나의 혈육이라도 갖고 싶었습니다.

십 년 전에 당신은 자기를 버린 조국과 어머니를 찾아 여섯 살짜리 딸과 함께 한국을 방문합니다. 그리고 어머니를 용서

하고 껴안습니다. 당신은 한국말은 못하지만 당신의 심성은 착하고 유순하여 바로 이 땅의 딸인 것을 알 수 있었습니다.

당신의 어린 시절의 기억을 나팔꽃, 분꽃들과 네 잎 클로버와 나지막한 산등성이와 바닷가의 조가비들로 채워 주고 싶습니다. 포근한 어머니의 등과 둥그런 앉은뱅이 밥상과 바둑이의 정다움도 주고 싶습니다. 그리고 추석의 송편 맛과 이곳 아이들이 즐겨 먹는 떡볶기와 붕어빵 맛도 가르쳐 주고 싶습니다.

당신의 유년 시절에 색동옷을 입혀 드리지 못한 게 슬픕니다.

당신은 요즈음 스웨덴에 살면서 유럽에 입양된 한국의 젊은이들을 위해 일하고 있습니다. 그들이 정체성을 잃지 않고 그 사회에 잘 적응할 수 있도록 강연이나 상담을 통해 자신의 경험을 이야기하며 도와주는 것입니다. 당신의 딸 엘레노라가 16세의 처녀로 자란 것을 보니 반가웠습니다. 당신이 오랫동안의 마음의 갈등과 방황을 극복하고 하느님을 만나 기쁨을 얻고, 예수님이 주시는 평화 가운데 살아가니 참으로 고맙습니다. 당신은 이 모든 것이 당신을 쓰시기 위한 하나님의 계획이었다는 말을 합니다. 그렇습니다. 우리의 이성으로는 하나님의 오묘한 섭리를 이해할 수가 없지요. 유럽에 흩어져 살아가는 한국의 핏줄을 이어가는 젊은이들에게는 당신 같은 사람이 꼭 필요한 것 같습니다.

그래도 당신을 생각하며 가슴이 아픕니다. 엘레노라에 대해 이야기할 때면 당신의 표정은 희망이 넘칩니다. 당신의 환한 얼굴과 부드러운 미소가 저희들의 아픈 가슴을 어루만져줍니다.
신유숙 씨, 그대에게 우리는 많은 빚을 지고 있습니다.

(1999)

2부

우리를 슬프게 하는 것들

4월에 부는 바람은 우리를 슬프게 한다. 저 멀리 만주지방에서부터 모래를 싣고 와 하늘을 뿌옇게 만들고 벚꽃 진달래 개나리의 꽃잎들을 마구 흔들어놓는다. 산에 가서 산불을 일으키고 여인의 가슴에는 허무의 바람을 일으킨다.

무덤가에 핀 앉은뱅이 제비꽃, 민들레 꽃들은 우리를 슬프게 한다. 오래 전에 잃어버린 귀고리 한 짝을 벗어둔 스웨터에서 발견했을 때, 한 가닥 슬픔이 샘솟는다.

퇴계로 뒷골목에 있는 음식점들, 서툰 글씨로 써 붙인 '아침밥 됩니다.' 라는 간판이 우리를 슬프게 한다. 식당에서 사먹는 아침밥의 공허함. 그러나 뿌리 없이 떠도는 영혼이 객지의 고달픔을 잊고 잠시 누리는 포만감. '부대찌개', '따로국밥'이라고 쓰여 있는 차림표 또한 우리를 슬프게 한다.

요절夭折이란 말은 우리에게 슬픔을 준다.

요절한 꼽추화가 손상기는 초등학교 3학년 때 놀이터에서 놀다 떨어져 불구가 되었다고 한다. 고등학교 시절에 몇 번이나 자살을 기도했으나 실패하고, 화가가 되기로 결심한다. 문학을 하고 싶었으나 '글은 자신을 너무 구체적으로 들춰내는 것 같아' 그림으로 방향을 바꾸었다는 손상기. 그가 그린 〈영원한 퇴원〉, 〈난지도〉, 〈북아현동 풍경〉, 〈시들지 않는 꽃〉에 나타난 따스한 흰빛과 어두운 붉은 빛이 우리를 슬프게 한다.

수의壽衣를 지어놓으려고 옷감을 사 오셨다는 어머니의 전화가 우리를 슬프게 한다. 아, 벌써 돌아가실 준비를 하시는 어머니.

건널목에 앉아 마이크로 노래 부르는 장님부부의 찬송가 소리.

"하나님의 사랑은 온전한 참사랑…."

바구니 안에 놓인 동전 세 닢이 우리를 슬프게 한다.

신문광고에 난 '궁전 맨션 분양' 그 아래에 씌어진 13평이란 숫자. 열세 평의 궁전이 우리를 슬프게 한다.

청계천 7가 부근은 대체로 우리를 슬프게 한다. 못 쓰고 망가져서 버려진 물건들이 모여서 새 주인을 기다리는 곳. 그곳에서 구식 벽시계를 하나 샀다. 태엽을 한 번 감아주면 닷새는 보답을 한다. 가끔 한 번만 쳐야 될 때 '대앵대앵' 하며 열두 번씩이나 치는 그 시대착오적(혹은 시간 착오적)인 음향이 우리를 슬프게 한다.

'오늘 어머니가 세상을 떠나셨다. 혹시 어제였는지도 모른다.'라고 시작하는 카뮈의 소설은 언제나 우리를 슬프게 한다.

그리고 '그날 아침 나는 양일부락을 떠났다'라고 끝나는 송영의 소설도 우리를 슬프게 한다.

외삼촌은 젊은 시절 한량으로 만주를 넘나들던 이야기를 가끔 하셨다. 하룻저녁에 친구 하나와 갈비 한 짝을 먹어치웠고, 일본에 다녀올 때에는 사촌누이들에게 선물할 파라솔만도 한 트렁크였다는 화려한 편력. 그도 지금은 북망北邙의 언덕에 누워 있는 것을.

몰락한 종가집의 장손은 우리를 슬프게 한다.

중국 연변의 동포들이 말하는 모국어는 우리를 슬프게 한다. 그 낯설면서도 친밀한 이복형제 같은 모습들이여.

세자르 프랑크의 바이올린 소나타를 들으면 그 처연한 아름다움이 슬픔을 준다. 화려하면서도 적막한 도회지의 여름밤이 연상되고, 어느 집 담장의 줄장미 향기처럼 어지럼증날 만큼 매혹적인 선율.

정릉 청수장 앞 버스 종점에는 한 정신이 이상해진 남자가 언제나 길을 오르내린다. 끊임없이 혼잣말을 하며 화를 내고 훈계도 한다. 소문으로는 그는 어린 자식을 그곳에서 교통사고로 잃었다고 한다. 그의 의식 속에서 시간은 정지되고, 화석처럼 굳은 애정과 통분은 우리에게 슬픔이 된다.

길을 가다보면 높은 탑에 친절히 씌어 있는 게시판. 어제의 서울 시내 교통사고, 사망 00명, 부상 00명.

서창으로 보이는, 빌딩들 사이로 넘어가는 해. 어두워지기 전에 일찍 나온 희미한 달.

수산시장에서 사온 소라 껍데기에 붙어 있는 바다 이끼, 미처 크기도 전에 솎아진 어린 배추, 3월이 되기도 전에 시장에 나온 딸기, 이 모든 것이 우리를 슬프게 한다.

아파트 문 밖에서는 아침마다 '세-타악'하는 판소리의 진양조 같은 가락이 들린다. 아침에는 형이 주문을 맡고 저녁에는 동생이 배달을 한다. 농번기가 되면 같이 고향에 모 심으러 가는 그 우애가 우리를 슬프게 한다.

'소나타', '르망', '그랜저' 등 외국이름의 승용차가 우리를 슬프게 한다. '반달', '청노루' 등의 자동차 이름은 어떨까?

오후 네 시경 우편가방을 메고 광화문을 느릿느릿 지나는 우체부의 그림자는 우리를 슬프게 한다. 물장수, 두부장수도 사라진 지금, 그는 우리에게 꿈을 선사하는 마지막 직업인이리라.

찰리 채플린의 영화는 우리를 슬프게 한다.

양수리의 물.

키 큰 오동나무의 바랜 듯한 보랏빛의 오동꽃.

간이역.

빈 들판에 '평균율같이 뎅강뎅강 흔들리는' 털실 방울처럼 생긴 파꽃. 이런 모든 것은 아련한 슬픔을 준다.

밤 열 시가 넘어 학교에서 돌아오는 아이들.
수유리의 4·19 묘역.
증인대에 선 전직 권력가들의 끈적끈적한 표정.
5월 중순경 광주 근처에 내리는 비.
이 모든 것이 다시, 우리를 슬프게 하지 않는가.

(1989)

봄을 맞이하는 산

겨우내 산을 찾지 못했다. 잡다한 일상의 먼지를 털어내고, 어딘가에 와 있을 싱그러운 봄기운을 느끼고 싶었다. 아침 기온이 영하로 내려가긴 했지만 3월의 마지막 날이라 어쩌면 나비소식, 제비소식도 들을 수 있지 않을까 싶은 마음도 들었다.

산으로 오르면서부터 바람이 강하게 불기 시작했다. 바람은 억새풀들을 모로 눕히고, 가느다란 나뭇가지들을 마구 흔들었다. 그러나 차고 매운바람이 아니라, 그 속에는 잠자는 대지를 흔들어 깨우려는 듯한 부드러움이 숨겨져 있었다.

바람은 나에게도 불어와 머리칼이건 옷깃이건 마구 휘날려 놓고 달라났다. 마치 나를 깨어나게 하려는 듯, 모든 미망(迷妄)에서 벗어나라고 하는 듯….

능선에 올라서니 반대편 계곡으로부터 검은 구름이 서서히 올라오고 있었다. 이윽고 진눈깨비 같은 차가운 것이 흩뿌려지기 시작했다. 바람에 이리저리 쏠리면서 눈송이는 점점 커져서 꽃잎처럼 떨어져 금방 녹아 없어져갔다. 나는 잠시 수많은 벚꽃 잎이 떨어져버리는 듯한 환각에 사로잡혔다. 어릴 때 진해에서 본 그 벚꽃 천지, 알싸한 향기….

겨울이 주는 마지막 선물일까. 나는 자연의 돌변한 모습에 어지러워 자꾸만 헛발길을 내딛고, 멀미하듯 무언지 몽롱한 기분이 되어갔다. 그렇다. 그건 수천 수만의 흰 꽃송이였다. 흰 안개꽃, 싸리꽃, 벚꽃…. 산은 조용히 겨울을 보내며, 눈꽃의 축제를 열고 있었다.

일시에 산은 겨울산으로 변한 것 같았다. 가지마다 조금씩 눈이 쌓이고 건너편 산등성이도 희끗희끗 변해간다. 봄이 오기가 이렇게도 어려운 것일까. 땅 밑에서 한창 물을 길어올리던 나무뿌리, 기지개를 켜던 작은 짐승들도 놀라서 모든 생명의 몸짓을 유보한 듯 산은 조용하기만 하다. 하산할수록 조금씩 눈발이 뜸해지더니 어느 틈에 눈은 멎어 있다.

숲을 벗어나 큰 길로 나오니, 비온 뒤처럼 땅은 젖어 있고 어느 틈에 햇살이 비치고 있다. 계곡에서는 물소리도 활기차게 들린다. 말없이 묵묵히 서 있는 나무들이지만 지난 겨울동안 추위와 싸우면서 얼마나 인내하며 존재하기 위해 몸부림쳐왔을까.

이 산에서 생명을 유지하는 벌레들, 날짐승들, 이들 모두는

목숨을 건 투쟁 끝에 살아남았으리라.

오래 전에 읽은 미우라 아야코의 자서전이 생각난다. 그녀는 젊은 시절을 척추 카리에스로 7년 동안 기브스 베드에 누워서 지냈다.

겨울이 지난 어느 날 그녀의 방에 날아온 파리 한 마리를 보고, 추운 아사히가와의 겨울을 견디며 살아남은 그 파리에게서 봄을 느꼈다고 한다. 그리고 자신도, 폐병을 앓던 그의 애인도 이 파리처럼 가까스로 겨울을 넘겼다고 생각하며 눈물짓던 장면이 있었다.

그녀의 애인은 결국 그 봄에 세상을 떠나고 그녀는 후에 죽은 애인을 닮은 사람을 만나 결혼한다. 그 남자는 그녀가 결혼할 수 있을 만큼 건강을 회복할 때까지 5년 동안을 기다려주었다.

결혼 후에도 몸이 약한 부부는 서로 돕고 의지하며 산다. 어떤 날은 둘 다 너무 기력이 쇠진하여 나란히 누워서 하루를 보낸다 했다.

그녀는 지금 노년임에도 꿋꿋하게 강연하고 글 쓰며, 암과 투병하며 보낸다는 소식을 어디서 읽었던 것 같다.

모진 추위와 눈보라를 이겨낸 이 산에 사는 생물들은 지난 겨울 동안 더욱 강인해졌을 것이다. 이제 봄을 맞이하여 분주히 생명의 율동을 시작하리라. 먹이를 찾으러 다니고, 짝짓기를 하고, 새끼를 기르고…….

산의 공기는 맑고 청량하기만 하다.

문득 까치소리가 나서 올려다보니, 마른 나뭇가지 끝에 부부인 듯한 까치 한 쌍이 날개를 파닥이며 가지 위로 날아오르며 우짖고 있다. 그 모습은 정말 생명의 환희와 사랑의 기쁨으로 약동하는 모습이었다.

또한 고통의 겨울을 이겨낸 승리의 날갯짓이었다.

(1991)

동그라미 그리는 비

비가 내린다.

두 달 동안의 봄 가뭄 끝에 내리는 비에 산 속의 나무들은 흔쾌한 듯 저마다 잎새들을 흔들고 있다. 산길에는 흰 아까시 꽃잎이 떨어져 여기저기 흩어져 있다.

나무 둥지들은 모두 비에 젖어 검은 색으로 변하고, 연초록의 잎들과 대비되어 더욱 싱싱한 초여름의 신록을 보여주고 있다. 어느 틈에 계곡의 물은 불어 콸콸 활기차게 바위들을 휘감고 흘러내린다.

빗물 속에는 먼 우주의 숨결이 깃들여 있다. 창세기에서, 하나님은 이 세상을 윗물과 아랫물로 가르시고, 궁창의 윗물은 하늘로, 아랫물은 바다로 만들었다고 씌어져 있다.

계곡의 물 위에 떨어지는 빗방울은 계속 동그라미를 그린다. 마치 윗물과 아랫물이 함께 만나 '태초에 한 몸이었던 우리…….'하며 혼효混淆의 즐거움을 나누는 것 같다. 하늘은 문을 열고 유배지와 같은 이 지구 위에 은실 같은 빗줄기를 내려보내고 있다. 오랫동안 돌고 돌아 어지러운 지구 위에, 메말라 푸석거리는 인정人情 위에, 문명의 쓰레기 더미로 황폐화되어 가는 이 땅 위에, 위안이라도 하는 듯이 물줄기를 흘려보낸다. 만약에 비가 내리는 모습을 비디오카메라로 찍어 거꾸로 돌려 보면 어떨까.

비는 계속 하늘로 올라갈 테고, 그를 따라가다 보면 하늘의 궁창 위에 거대한 비의 궁전을 만날 수 있지 않을까.

그곳에는 노아의 방주를 산꼭대기까지 올려놓았던 원초적인 비가 있지 않을까. 이 지구 위에 죄를 모두 없애버리고 깨끗한 세상을 만들고자 했던 고대의 비…….

비는 메마른 흙 속에 구석구석 젖어들어 뿌리들을 일깨우고, 꽃봉오리를 눈뜨게 한다. 이 사랑의 삼투작용으로 대지는 비로소 생명을 얻는다. 비는 쉴새없이 동그라미를 그리고, 바위는 물에 젖어 빛난다.

비는 우리들에게 어떤 메시지를 전달하려는 게 아닐까.

지워져도, 지워져도 계속 동그라미를 그리면서 둥근 원의 상징을 우리에게 보여주는 게 아닐런지.

원의 너그러움과 자비와 평화를…….

모나고 편견에 찬 나를 버리고 참 지혜를 깨달으라는 가르

침인지도 모른다. 5월 한 달, 거리에서는 젊은이들이 스스로 몸을 불태워 죽어갔다. 폭력은 다시 폭력을 낳고 갈등과 대립으로 많은 사람들이 고통을 받았다.

오늘같이 비가 오는 날이면 일시적으로나마 학생들의 시위가 중단되고, 최루탄의 연기도 가라앉는다고 한다.

우리들의 마음속에도 조용히 비가 내려 분노와 증오의 불길이 가라앉고, 물 위에 동그라미를 그리듯 아름다운 연꽃송이들이 피어났으면 한다. 계곡의 물은 계속 불어나고, 비는 여전히 동그라미를 그리며 내리고 있다. 이 세상을 동그라미로 가득 채우고 싶어하는 비가….

(1991)

이사移徙

4월은 이사의 계절인가보다. 날씨 좋은 주말에 베란다를 통해 아래를 내려다보면 아파트 입구에 장독이니, 장롱, 소파 등이 여기저기 내려져 있는 게 보인다. 또 길을 가다보면 으레 한두 대의 이삿짐 트럭이나 삼륜차를 만나곤 한다. 삼륜차에는 손때 묻은 경대니 이불보따리, 선풍기 등이 실려 있어 생활의 애환을 물씬 풍긴다.

내 주위에서도 며칠 전에는 친정 부모님이 이사를 하셨고 그 뒤를 이어 여동생도 이사를 했다. 작년에 막내동생을 출가시킨 부모님은 열 평쯤 더 좁은 아파트로 이사하시고, 첫 아기를 낳은 여동생 부부는 열 평쯤 늘려서 이사를 한다.

적적하던 아파트에 딸들이 도우러 모여드니 어머니는 고단하신 줄도 모르고 즐거워하신다.

가지가지의 이유로 해서 일생에 몇 번씩은 '이사' 라는 고달픈 행사를 치르지 않을 수 없는 게 사람 사는 모습인 것 같다. 더러는 더 좋은 집으로 옮기는 운 좋은 사람도 있겠지만 원하지 않으면서도 어쩔 수 없이 집을 비워야 하는 안타까운 경우도 있으리라. 어떤 경우가 되었건 주부의 입장으로선 피할 수만 있다면 피하고 싶은 게 이사이다. 이사는 가지런한 피아노의 건반 같던 생활의 질서를 하루아침에 깨뜨려버린다.

우리에게 안락한 휴식을 주고 편의를 주던 길이 잘든 가구들이 이삿짐이란 이름으로 잡동사니들과 내놓여지면 왜 그렇게 궁상맞아 보이는지? 이불보따리, 책을 넣은 라면 상자들, 크고 작은 장독들이 벌이라도 서는 듯 먼지를 뒤집어쓰고, 세숫대야에서부터 옷걸이까지 생활의 비품 하나하나가 모두 뒤집혀져 지나가는 사람들에게 보여질 때에는, 남모르던 비밀이 드러난 듯 곤혹스러움을 느끼지 않을 수 없다. 서로가 예기치 않은 방문도 삼가고 소중하게 떠받들던 그 프라이버시가 한길가에 내동댕이쳐지는 셈이다. 이가 잘 맞는 톱니바퀴처럼 잘 돌아가던 사람과 물건의 관계가 이때에만은 완전히 해체된다. 모든 집기는 '짐'이 되어 사람을 괴롭히고 사람들은 아끼던 살림을 '짐'이라 부르며 이리저리 부린다.

이와 같은 불화는 짐이 새 집에 옮겨져서 본래의 자기 위치를 찾을 때까지 계속된다. 누구나 한 번쯤 이사 때에는, 사람이 사는데 '이렇게 많은 짐이 과연 필요한가?'라고 생각해보게 된다. 또 '다시는 물건을 더 안 사야지'하고 실행에 옮기지 못할 것을 결심하기도 하는 것이다. 그러나 마음과는 달리 잠깐이라도 짐과는 결별하지 못한다. 하찮은 것이라도 함부로 버리지 못하고 행여나 누가 집어갈까봐 두려워하기도 한다. 어쩌면 사람과 동물들을 구별 짓는 것의 좋은 예가 바로 사람들은 물건과 관계를 맺는다는 점인지도 모른다. 동양의 현인들은 물욕을 없애라고 말해왔고 죽을 때에는 모두 빈손으로 간다고 일깨웠다. 그러나 죽을 때에는 빈손으로 가기 때문에 살았을 동안이나마 물건들을 아끼고 애착을 갖는 게 아닐까? 그래서 아침이면 법정法頂스님의 그 '무소유의 청정한 기쁨'에 공감하면서도 오후에는 예쁜 그릇 집을 기웃거리게 마련인 것이다.

이사를 끝낸 후 짐들이 말끔히 닦여져서 제자리에 놓여지면, 흔히 고생을 겪고 난 사람에게서 훈기와 의연함을 느낄 수 있듯이 가구들은 한결 의젓하고 번듯해 보인다.

우리가 어디 살든 따라와 놓여지는 살림살이는 컵 하나 꽃병 하나에도 사연이 있고 추억이 서려 있다.

불화 뒤에는 더 진한 친화력이 생기므로 사람들은 물건들과 더욱 밀접한 관계를 유지하게 된다. 그리고 새로운 장소에서 어렵잖게 삶의 뿌리를 내리는 것이다.

'덕소시대', '수안보시대'로 구분되는 어느 유명화가의 삶이 아니더라도 한 사람의 일생에 있어서 어느 시기를 어느 장소에서 살았다는 것은 퍽이나 중요한 의미가 있을 것이다.

'이사'가 그런 시기를 구분하는 획이라면, 그것은 개인의 역사에 있어서 참으로 중요한 행사가 되는 셈이리라.

(1988)

백담사의 목탁소리

작년 여름 나는 남편과 프랑스에서 유학 중 귀국한 M씨와 함께 설악산을 등반하였다. M씨는 외국에서 설악산을 무척 그리워했던 듯, 우리의 등산 계획을 듣고는 두말없이 따라나섰던 것이다. 그런데 워낙 베테랑 등산가이기에 어느 사이엔지 그가 리더가 되어 있었다. 우리는 오색으로 해서 대청봉에 올라 하룻밤을 지내고 새벽부터 하산하기 시작했다. 봉정암을 거쳐 백담사를 지나기로 코스를 잡았다.

만해 한용운 선생이 머물렀던 백담사는 내가 꼭 한 번 가보고 싶었던 곳이었다. 백담사 뜰에 서서 '바람도 없는 공중에 수직의 파문을 내며 고요히 떨어지는 오동잎'에서 임의 발자취를 본 만해의 시심詩心을 헤아려보고 싶었다.

수렴동 산장을 지나니 하산下山길의 계곡은 점점 폭이 넓어져갔다. 하얀 둥근 돌들이 바닥에 깔려 있고 물의 흐름도 한결 완만해져서 계곡이라기보다는 강처럼 보였다. 아기 손가락만 한 검정 물고기들이 떼를 지어 유영遊泳하는 것이 마치 느낌표(!)의 집단들 같았다. 아무 두려움도 거리낌도 없는 천진스러운 몸짓이었다. 보고 있는 내 마음도 텅 비고 맑아져가는 것 같았다.

계곡은 끝없이 이어지고, 하루 종일 걸어 온몸을 땀으로 목욕한 채 두 다리가 뻣뻣해왔다. 백담사가 거의 가까워올 무렵, 나는 그만 주저앉고 말았다. '조금만 더, 조금만 더'하며 행군을 독려하던 동행들도 어쩔 수 없는지 근처 백담계곡에서 저녁을 지어먹고 쉬기로 했다. 그런데 M씨는 그날 저녁 남교리에서 산악회 선배들과 만나기로 되어 있다면서, 자기는 먼저 가서 선배의 자동차로 '모시러'오겠다는 것이었다.

남편은 그에게 우리는 이곳에서 자고 아침에 천천히 내려가겠으니 걱정 말라고 당부했으나 그는 막무가내였다. 꼭 '모시러'오겠다며 그는 떠나고, 우리는 어둑어둑해오는 강변에 텐트를 쳤다. 강을 따라 색색의 텐트가 쳐 있고, 조그만 등불들이 켜지는 게 무척이나 정겹게 느껴졌다. 모닥불이 피어오르고 젊은이들의 캠프송이 경쾌하게 들려왔다. 돔dome 모양 텐트는 선사시대의 움집처럼 아늑하기만 했다. 대자연의 품에 안겨 문명의 덧게비를 다 떨쳐버리고 물소리를 들으니 자연 속으로 잦아드는 듯한 평온함을 느꼈다.

자정이 넘도록 M씨는 돌아오지 않았다. 어느 틈에 잠이 들었는지 텐트 밖에서 누가 "K선생님!"하며 부르는 소리에 놀라 잠이 깼다. 새벽 3시경, M씨와 두 남자였다. 그들은 예고 없이 들이닥치는 운명의 사자使者처럼 하산을 재촉했다.

그들은 규칙을 어기고 자동차가 올라왔으니 서둘러야 된다면서, 강제철거반원처럼 신속하고 완강하게 텐트를 허물어 접기 시작했다. 우리의 눈앞에서 순식간에 사라져버리는 '집!' 따뜻한 체온이 식기도 전에 그것은 흔적조차 없어져버렸다.

나는 언젠가는 허망하게 사라져버릴 우리의 존재를 보는 것 같아 가슴이 저려왔다. 그들은 익숙하게 양초를 신문지에 말아 불을 붙여 횃불을 만들어 들고 앞장서기 시작했다. 우리는 잠이 미처 덜 깬 채 그들 뒤를 따랐다. 불빛을 좇아 나방들이 푸드덕거리며 날아들었다. 나는 일행에 뒤지지 않으려고 돌부리에 채이기도 하며 기를 쓰고 걸음을 재촉했다. 처음 만난 낯선 사람들을 따라 나는 어디로 가고 있는가. 꿈을 꾸고 있는 것인가. 삶이 바로 헛된 꿈이면 나는 꿈속에서 꿈을 꾸는 것인지 이상한 생각이 들었다.

그때였다.

'따악, 딱', 만물이 잠든 새벽에 어둠을 뚫고 들려오는 청정한 소리. 적막을 깨뜨리고 백담사에서 울려 나오는 목탁소리였다. 산골짜기 때문인지 마이크라도 댄 듯이 그 소리는 쩌렁쩌렁 울렸다. 나는 마치 머리라도 얻어맞은 듯 정신이 번쩍

들었다. 그 소리는 청아하고 맑으면서 우렁차고, 내 영혼을 흔들어놓는 소리였다. 나는 그 소리를 영원히 내 곁에 붙잡아두고 싶었다. 그러나 그 소리는 안타깝게도 점점 멀어지기 시작했다.

새벽예불이 시작되는지 어른거리는 불빛이 보였다. 그곳에는 많은 숨결이 담긴 도량이 있었으련만, 시절 인연이 닿지 않았는지 스쳐 지나고 말았다. 마치 예측할 수 없는 수수께끼로 가득 찬 삶을 헤쳐 나가듯이 우리는 어둠 속을 더듬으며 산길을 걸어 내려갔다. 목탁소리는 은은하게 사라져갔다.

백담사가 다시 역사의 한 장에 기록될 줄을 그 누가 알았으랴. 인간의 어리석음을 깨우치려는 듯 새벽이면 어김없이 울릴 백담사의 목탁소리. 지금도 나는 그 소리를 못 잊어한다.

(1989)

가을 소나타

화려한 도입부였다. 가을은 팡파르를 울리며 눈부시게 찾아왔다. 도처에서 만국기는 색종이처럼 펄럭이고 잠실벌의 함성은 구름에까지 닿았으리라. 스타트라인에 선 선수들의 비장한 결심과 혼신의 질주.

하나의 목표를 향하여 온 삶을 온전히 바친다는 것은 얼마나 아름다운 일인가? 우리가 승리자에게 갈채를 보내는 것은 그 결과 때문이 아니라, 끊임없는 도전과 시련을 극복한 그의 의지에 대해서일 것이다. 올림픽이 끝나고 감격의 순간들은 썰물처럼 빠져나갔다. 밤하늘을 찬란하게 물들이던 불꽃도 꺼지고, 이제 모두 자신의 자리로 돌아갔다. 텅 빈 운동장에 홀로 굴러가던 굴렁쇠처럼 다시 굴러가는 일상의 굴렁쇠.

그러나 지금도 내가 잊을 수 없는 것은 여자 마라토너 '로자

모타' - 그녀의 여윈 얼굴에 새겨진 짙은 고독의 그림자이다.

미당의 시 구절처럼 '아! 미치게 짙푸른 하늘' 때문이었을까? 어느 날 나는 과감하게 서울을 탈출하였다. 문득, 나와 이어지고 있는 모든 인연들과 그 정精의 두께가 너무 무겁게 느껴지면서, 어느 낯선 곳에서 낯선 사람들 속에 뒤섞이고 싶었던 것이다. 아마 내 존재의 겉껍질을 하나씩 벗기고 나의 진정한 모습을 바라보고 싶었는지도 모른다. 그러나

"안녕하세요? 아무개입니다."

"처음 뵙습니다."

하며 인사를 받는 순간 다시 새롭게 이어지는 인연의 끈….

글에 대해 같은 믿음을 가진, 아끼고 싶은 모임이었지만 다시 그곳을 떠났다. 처음 만난 사람들에게 비쳤을 나의 또 다른 허상虛像을 부끄러워하며 삽상한 기운이 감도는 그곳을 떠나 나 홀로 차를 탔다. 차창 밖으로 지나가는 마을의 풍경은 신선했다. 먼지를 뒤집어쓴 길가의 집들과 앉은뱅이 들국화, 낯익은 듯한, 해에 그을은 주름살 많은 얼굴들, 붉은 치마에 연둣빛 저고리를 입고 머리에 꽃을 꽂은 수줍은 신부新婦…….

그 도시에 내가 알 만한 사람이 한 사람도 없다는 사실은 경이로웠다. 지갑 속에 동전은 가득했지만 전화를 걸 만한 곳은 아무 데도 없었다. 건널목에는 붉은 신호등이 켜지고 맞은편에서도 한 무리의 사람들이 길을 건너기 위해 기다리고 서

있다. 그 순간 나는 한없이 왜소한 나의 실체를 엿본 듯했다.

익명의 여행자가 되어 철저히 낯선 곳에서 누리는 이 서늘한 외로움. 나는 비로소 모든 것을 비운 듯 마음이 하얗게 표백되는 것을 느꼈다. 내가 이곳까지 온 것은 이 순간을 위해서였던 듯 나는 할 일을 다 한 사람처럼 느껴졌다. 마치 내 영혼이 푸르게 투명해지는 듯한 가벼움을 느끼며 신호등을 지나 터미널로 향하였다. 버스 창틀에 내려앉는 조용한 가을 햇빛. 내 삶의 틈을 비집고 울리던 느슨했던 현絃들이 조율調律을 받은 듯 다시 팽팽해짐을 느낀다.

가을이 그 3악장으로 접어들 때쯤 대학로를 찾았다. 플라타너스는 그 잎을 대부분 떨구어버린 채 방울 같은 열매들만 달고 있었다. 그곳에서는 옛집에 온 듯 포근한 느낌과 새롭고 낯선 기분이 뒤섞여진다. 흔히 모습이 바뀌어버린 곳에서 옛 모습을 기억해내기란 얼마나 어려운가? 우리는 너무나 쉽게 현재의 모습에 익숙해버리기 때문이리라. 어쩌다 사진이나 그림으로 옛날의 좁은 길이나 낡은 건물을 볼 때 그제서야 '아 그랬었지'하며 감탄할 뿐이다.

이미 마로니에 공원으로 자리가 잡힌 대학자리에서 여동생과 나는 학창 시절을 되돌려 받기라도 할 듯 옛 흔적을 찾아 서성거렸다. 어둑어둑해지는 공기 사이에는 젊음의 열정과 꿈이 떠돌아다니는 것 같다. 우리는 젊은이들 틈에 이방인처럼 끼어서 연극공연장 앞에 줄을 섰다.

〈가을 소나타〉

그건 7년 만에 만난 모녀가 보내는 어느 가을저녁의 이야기였다. 저명한 피아니스트이며 지극히 이기적인 어머니와 예술에 어머니를 빼앗기고 어린 시절을 고독하게 보낸 내성적이고 섬세한 딸이 등장한다. 딸은 어머니에게 다정하게 대하려고 노력하나 여전히 자기중심적이고 진실성이 결여된 어머니에게 어린 시절의 참담했던 기억을 떠올리며 비난을 퍼붓기 시작한다.

여왕처럼 도도했던 어머니는 '육신은 늙었지만 내 영혼은 아직도 미숙아'라고 하며, 딸에게 "나를 포근히 감싸줄 수 없겠느냐?"
고 애원한다. 그때 뇌성마비인 작은딸 헬레나는 침대에서 기어 내려오며 언니를 말리려 한다. 어머니가 옆에 있어주는 것만으로도 자기는 행복하다고 하면서…….

어머니가 떠난 후 딸 에바는 마음속 깊이 뉘우치며 어머니에게 편지를 쓴다. 어머니에게 사랑이 없음을 비난했던 자기 역시 사랑이 없었음을 깨닫는 것이다. 그리고 어머니에게서 버림받은 헬레나가 더 큰 사랑을 지니고 있음을 발견하게 된다.

'서로 돕고 애정을 나타낼 수 있는 기회는 아직 많이 있습니다. 아직 늦지 않다고 생각합니다. 너무 늦어서는 안 되겠지요……' 편지는 이어진다.

우리는 육친에게 비난의 화살을 보내는 순간 그 화살이 바로 자신의 가슴을 향하고 있음을 알고 있다. 그리고 그것은 자신에게 더 큰 상처를 남긴다는 것도…….

나이가 들수록 어머니와 똑같아지는 것을 발견하는 딸들.

열연하는 여주인공도 관객들도 조용히 눈물을 흘리고 있었다.

우리는 말없이 생각에 잠겨 걸었다. 둘 다 딸들을 가진 어머니이면서, 또한 어머니를 가진 딸들이기에…….

보도 위에는 낙엽들이 이리저리 굴러다니고 있었다.

(1988)

백제의 여인

우리가 옛 백제의 땅인 공주를 들어설 때에는 봄을 재촉하는 가랑비가 촉촉이 내리고 있었다. 탄탄대로인 경부고속도로를 기세 좋게 달리다가 호남고속도로 표지판이 있는 옆길로 새어들면서는 어쩐지 느낌이 좀 달라진다. 어딘지 후미지고 잊힌 땅을 찾아가는 듯, 착잡한 마음이 생기고 '광주' 표지가 나오면 빗진 것처럼 느껴지는 것이 호남고속도로를 향하는 심정이다. '공주'니 '부여'니 하는 표지판을 보니 또 다른 애달픔이 마음을 사로잡는다. 차창으로는 계속 빗물이 흐르고 단조로운 와이퍼의 동작만이 흐르는 빗물을 차단시킨다.

그렇다. 어쩌면 옛 백제를 찾는 날은 이런 비 내리는 날이 제격인지도 모른다. 흔적도 없이 사라진 7백 년 왕국을 찾는 나그네를, 이 우울한 상징 외에 무엇이 맞아줄 것인가. 이 세상엔 많은 왕국들이 생겼다가 없어졌지만 백제만큼 철저하게 인멸되고 초토화된 나라도 드물 것이다. 궁전 주춧돌 하나 남지 않고 철저하게 사라진 왕국이 아닌가.

길을 지나가는 사람들을 보며 행여나 백제의 얼굴이 나타나 있나 살펴보았다. '정읍사'의 그 애타는 여심을, 또한 백제 와당瓦當에서 보는 듯한 순후한 미소를……. 그러나 길에는 그저 저마다 무심한 사람들이 오갈 뿐, 조용하고 아담한 도시일 뿐이었다. 단지 공성산성과 송산리고분 등이 있어 옛 도읍지임을 실감케 해줄 뿐이었다.

우리는 비 내리는 공원을 들어서서 무녕왕릉으로 들어섰다. 모형이긴 하지만 발굴 당시의 모습대로 복원해 놓은 모습들이 형용하기 어려운 감회를 안겨준다. 육신은 모두 흙으로 돌아가고 팔찌며 금으로 만든 장식품들이 흐릿한 불빛 아래 빛나고 있었다. 한 나라를 뒤흔들던 권위와 끝없는 영화는 모두 어디로 가버렸을까? 불꽃이 타오르는 듯한 인동당초무늬의 정교한 금세공의 관식을 보아도 백제문화의 화려했음과 그 도성의 번성했음을 능히 짐작할 수 있을 것 같다.

1971년 처음으로 무녕왕릉이 발굴되었을 때의 충격이 생각난다. 각 신문마다 특종으로 다루고 온 국민이 흥분하지 않았던가. 송산리 고분들은 모두 도굴당했지만 7호 고분인 무녕왕릉은 그대로 숨겨져 있었던 것이다. 입구를 막았던 돌들을 모두 치워내는 순간, 1천 년 전의 공기와 맞닥뜨린 고고학자들의 기분은 어떠하였을까? 고분 입구에서 연도에 이르는 벽에는 벽돌에 돋을새김한 연꽃의 문양이 선명했다. 그들은 극락왕생을 바라며 벽돌에까지 연꽃을 새겼을 것이다. 이 땅에 잠들고 있을 수많은 육신들, 그 위에 집을 짓고 문화를 일으키는 우리 또한 묻힐 땅이 아닌가.

적멸의 느낌은 남겨두고 우리는 웅진성[공주]를 떠나 성왕이 사비성으로 천도한 마음을 헤아려보며 부여로 떠났다.

공주를 벗어날 무렵 한 고개를 넘으려니 한 곳에 '동학혁명기념비'라 씌어 있었다. 이곳에서 재봉기한 전봉준이 관군과 일본군에 붙잡혀서 서울로 압송되어 효수梟首당하였다. 이 나라 어느 곳인들 사연이 없는 곳이 없겠지만 어찌도 이 근처는 눈물과 한의 역사가 이리도 굽이굽이 서려 있단 말인가.

부여扶餘로 들어서니 옛 도읍임을 알리는 것은 '백제상회' 등의 간판과 기념품 가게일 뿐, 여느 소도시와 다름없었으나 매우 깔끔하고 정돈된 분위기였다. 부소산 언덕에는 소나무들이 청정했다. 시원한 공기를 들이마시니 백제의 향기를 숨쉬는 듯 온 가슴속까지 청량감으로 가득 차온다.

낙화암을 향하여, 바위들과 나무뿌리들을 밟으며 한참 올라가니 족두리 같은 정자 하나 오뚝하게 서 있으니 이 정자가 바로 백화정百花亭이라고 한다. 정자에 앉아 백마강을 내려다보니 울컥 치미는 슬픔으로 눈시울이 젖어온다.

서기 660년 7월 13일, 적군의 침입으로 왕궁은 불타고, 의

자왕은 산 속으로 숨고, 연약한 여인들은 갈 바를 모르고 얼마나 절박하였을까? 살아서 굴욕을 당하느니 차라리 죽음으로 정절을 지키자하여 낙화암에서 줄줄이 몸을 던졌으리라. 꽃한 송이 지는 것도 서럽거늘 젊은 여인들이 스스로 죽음을 택했으니, 세계 어느 나라에 이렇게 아름다운 역사가 있을까.

백마강의 물은 너무나 고운 비췻빛이었다. 마치 백제여인의 정결한 심상을 나타내듯 맑고 고요하게 흐르고 있었다.

백화정과 낙화암 절벽, 그리고 우거진 소나무들과 백마강의 절묘한 경치에 넋을 잃고 있을 때, 어디선가 갑자기 심한 바람이 불기 시작했다. 문득 3천 궁녀의 혼이 우리들의 옷자락을 휘감는 듯한 생각이 든다. 어쩌면 나를 이곳까지 오도록 발길을 이끈 것도 이름 없이 사라져간 백제여인들의 혼이었으리라.

정절이 곧고 겉으로는 온유하지만 마음속으로는 불같은 정열과 분노도 간직한 백제 여인들.

개루왕 때 도미의 부인은 미모가 뛰어나 왕으로부터 유혹을 받는다. 그러나 그녀는 거절하였기에 도미는 두 눈을 뽑히고 만다. 그녀는 왕으로부터 도망하여 강가에 이르러 대성통곡을 하니, 배가 한 척 파도에 밀려와 올라타고 천성도泉城島라는 섬에 가니 눈이 먼 남편이 살아 있어 잘 봉양하고 살았다는 이야기가 전해온다.

춘향이 백제 땅에서 태어난 것은 물론이고, 임진왜란 때 왜장의 허리를 동여안고 남강 물에 몸을 던진 논개 또한 전라도 장수 땅에서 태어났으니, 백제 여인의 혼을 가졌음이 틀림없으리라. 어쩌면 낙화암에서 떨어진 궁녀 중에 한 맺힌 한 영혼이 논개로 환생하여 태어난 것은 아닐까? 금강, 푸른 물은 굽이굽이 흘러 꽃같이 떨어진 여인들의 혼을 싣고 흘렀으리라. 낙화암 절벽 옆으로 조금 비껴 내려가니 그 유명한 '고란사'가 안존하게 자리하고 있다. 때마침 부는 바람에 청아한 풍경소리를 울리며 우리를 맞아준다. 고란사 앞에는 조룡대釣龍臺라는 바위가 있는데 소정방이 이곳에서 용을 낚았다는 전설이 전해 내려온다는 것이다. 소정방이 백제를 공격할 때 백마강에 있는 용이 바람을 일으켜 접근을 못하게 하므로 백마를 미끼로 삼아 그 용을 낚았다는 전설이 전해온다.

18만 나당 연합군은 물밀듯 사비성에 침입하여 장안을 그들의 말발굽 아래 짓밟고 7주야의 약탈과 방화로 찬란했던 왕도는 여지없이 초토화된다. 의기양양한 소정방은 신성한 백제석탑에 자기 전공을 새기고, 의자왕을 비롯하여 태자들과 대신들 모두 1만 2천8백 명을 포로로 하여 군선에 태우고 폐허의 사비성을 떠나 당나라로 향한다. 이들을 떠나보내며 가족들은 한 번이라도 만나보기를 원했지만 당병은 이를 모두 거절했다고 한다. 필사적으로 달려온 가족들은 단장의 피눈물을 흘리며 이별했다고 하니, 한 왕국이 사라져가면서 이보다 더한 비극은 없었으리라.

그래서 언제부터인가 음력 8월 17일이 되면 원당리 강변의 유왕산에는 부녀자들이 모여 만나고 헤어질 때에는 구슬픈 노래를 부르며 헤어진다고 한다.

"이별 별자 네 서러워 마소. 만날 봉자 또다시 있네. 명년 8월 17일에 악수론정握手論情 다시 하세."

한 많고 슬픔 많은 백제 여인들은 소복을 하고 그 이별의 날을 맞이했다고 한다.

낙화암이여, 숨어 있는 아름다움이여,
백마강이여, 제발 그대로 있어다오.
개발이란 미명으로 훼손당하지 말고
나무, 바위, 바람 그대로 있어다오.

나는 비췻빛 강물을 돌아 돌아보며 낙화암을 떠났다.

(1991)

나무 아래 집 한 채

얼마 전에 뜻밖의 연고로 인해 조그만 조각 작품 하나를 소장하게 되었다. 책상머리에 올려놓을 만한 한 뼘 남짓한 높이의 브론즈인데, 언덕 위에 조그만 집이 한 채 있고, 그 옆에는 나무가 한 그루 서 있는 모습이다. 집만 있으면 너무 삭막할 것 같고, 나무만 있으면 너무 싱거울 것 같은데, 둘이 같이 있음에 완벽하게 조화를 이루고 있다.

엄지손가락만한 기역자형 집 옆에 잎이 무성한 가지가 옆으로 뻗은 소나무가 서 있는 게, 가까이서 들여다보면 동화 속의 인형 나라처럼 아기자기하고 사랑스럽다. 그러나 거리를 두고 멀찍이서 바라보니 그것은 하나의 풍경이었다. 나무가 있고 집이 있는 — 고향의 마을이 거기 있었다.

우리들의 정서가 뿌리내리고 있는 곳. 아마 그 집에는 툇마루가 있고 댓돌이 있을 것이다. 달빛을 받아들이는 은은한 창호지 문도……. 아궁이로부터는 매캐한 연기 냄새도 날 것 같다. 나무는 무슨 나무이든 상관없으리라. 감나무, 소나무, 느티나무…….

아마 나뭇가지에서는 까치들이 우짖는 소리도 들리지 않을까. 댓돌을 내려서면 멀리 논두렁이 보이고 가르마 같은 논길을 따라 졸졸졸 논물 흘러가는 소리도 들릴 것이다.

그곳에서의 삶은 어떤 풍부한 빛 가운데에서 영위되리라. 새벽의 빛과 한낮의 햇빛, 그리고 어스름 달빛. 그곳에는 물질이나 문명의 결핍으로 인해서 더 많이 누릴 수 있는 자연의 축복이 분명히 있을 것이다. 그래서 고향을 떠나 도시에서 뿌리 없는 삶을 살지만 마음속에는 누구나 집 한 채씩 가지고 사는 게 아닐까. 추억 속의 고향 집은 언제나 나무와 함께 떠오른다.

남쪽 바닷가의 내 고향 집에는 감나무와 무화과나무가 있었다. 여름이면 감꽃을 주우면서 놀고, 나무 위에 올라가기도 하고……, 그곳에서는 있으면 있는 대로, 없으면 없는 대로 오순도순 인정을 나누면서 살았다. 구태여 남보다 더 잘 살려고 애쓸 필요도 없었고, 사립문을 열어놓고 살아도 두려움이 없었다.

집을 지으면 꼭 나무를 같이 심었다. 나뭇잎이 싹 트고 자라는 것을 보고 세월을 알았고 절기를 알아내었다. 아이가 태어나면 나무를 심고, 아이가 자라면서 나무도 같이 자란다. 딸이 자라서 시집을 갈 때는 딸과 나이가 같은 다 자란 오동나무를 베어 장롱을 만들어 딸에게 주었다고 한다. 부모는 딸이 장롱과 함께 친정에서의 모든 추억과 정情과 냄새마저도 함께 가지고 가기를 원했으리라. 그래서 시집에서의 낯설음으로부터 위안을 받기를 바랐을 것이다.

시골동네를 지나면서 살구꽃이나 백일홍이 환하게 피어있는 집을 보면 그 집에 사는 사람들도 화사한 정취를 가진 사람들일 것이라는 생각이 든다. 아마 늘 푸른 잎을 좋아하는 사람은 소나무나 향나무 같은 상록수를 심을 것이고, 열매를 좋아하고 수확을 바라는 사람은 감나무나 모과나무 같은 과일나무를 심는 것이 아닐까.

선비들이 그린 옛 그림을 보면, 소나무 아래에 조그만 집 한 채 있고, 그 창 안에 사람이 앉아있는 모습이 많다. 그것은 아마 속세의 잡욕으로부터 벗어나서 맑은 마음으로 자연을 가까이 하며 단순하게 살고 싶은 소망을 나타낸 것일 게다.

추사秋史 김정희가 그린 그림 중에 잘 알려진 '세한도歲寒圖'란 그림이 있다. 일자형의 허름한 집 한 채와 두 그루의 소나무, 그리고 조금 멀리 서 있는 잣나무를 그린 그림이다. 끊어질 듯 이어지며, 마치 그리다 만 것 같은 단순한 선線은 유배지에서 고독과 인고의 나날을 보내고 있던 추사의 심경을 드러내 보이는 것 같다. 그 쓸쓸한 풍경은 지조 높은 선비의 정신세계처럼 맑고 기품이 있어 보인다. 추사는 9년 동안 제주도에서 유배생활을 하게 되는데, 그의 친구인 역관 이상적李尙迪은 잊지 않고 중국에 갈 때마다 새로 간행된 서적 등을 사서 추사에게 보내주었다고 한다.

세상으로부터 유리되어 슬픔에 싸여 있던 추사이기에, 또한 학문과 예술에 대한 정열이 남달랐던 그이기에 친구의 우정에 큰 감동을 받았을 것이다. 특히 그와 가까웠던 다른 친구들이 벼슬자리에 올라서도, 추사의 처지를 외면했던 터라, 추사는 더욱 간절한 감사와 통분으로 집과 나무를 그리고 시詩를 써서 이상적에게 보낸 것이다. 시는 이상적의 높은 기개를 추운 겨울의 잣나무와 소나무의 푸름에 견주어서 칭찬한 것이라고 한다.

'세상이 모든 사람들이 권력과 이익에만 몰리는데, 그대는 바다 밖의 이 초라한 사람에게 마음과 힘을 써서 대하니…… 그대는 성인의 칭찬을 들어 마땅하다.'라고 추사는 읊은 것이다.

바다에 둘러싸인 절대 고독 속에서 추사는 학문과 예술을 향하여 그 푸른 영혼의 칼날을 더욱 질푸르게 벼렸을 것이다.

겨울에도 변치 않는 송백松柏과 삼간 초가집은 그에게는 집과 나무 이상의 자신의 분신分身이었을지도 모른다.

시멘트 상자 같은 대도시의 한 모퉁이에서 잠깐이나마 선인들이 남긴 그윽한 향훈에 젖어본다.

명리名利보다 의리義理를 소중히 여긴……. 나의 시선을 사로잡는 저 작품을 조각 '세한도'라고 이름 붙이면 어떨까.

(1992)

마음에 단풍이 들면

지난 주말에 춘천에 다녀왔다. 그곳에 사는 한 문우의 안내로 몇몇이 가을빛이 물들어가는 호반의 도시를 다녀온 것이다. 청량리역에서 기차를 타고 두 시간 남짓 걸리는 여정은 차창으로 보이는 강변의 풍경과 추수를 앞둔 황금빛 들판의 풍요로움만으로도 팍팍한 가슴에 물기를 안겨주었다. 기차 안은 MT를 가는 젊은이들로 활기를 띠고 있었다. 그들이 뿜어내는 푸르름이 엽록소처럼 나에게도 생기를 불어넣어 주는 듯하다.

아이들이 다 자라서 내 곁을 훌훌 떠나간 뒤, 나는 내 좌표를 찾지 못하고 흔들렸던 것 같다. 나를 둘러싸고 있던 보호막으로부터 갑자기 유리된 듯 허탈감에 사로잡힐 때가 많았다고 할까. 텅 빈 방들과 빈 시간들이 석양 무렵의 쓸쓸함으로 가슴을 파고 들 때가 많다.

일생 동안 손에 꼭 움켜쥐고 있던 것을 한꺼번에 놓아버린 것 같은 허전함으로 서성대던 중 오랜만의 기차여행은 조용히 자신을 되돌아볼 여유를 준다.

대성리, 청평, 강촌……. 이름도 청신한 작은 역들을 지나 춘천에 도착하였다.

다음날 아침은 가는 비가 내리고 있었다. 소양호로 가는 산길을 굽이굽이 돌면서 아무리 둘러봐도 소양호는 보이지 않고 짙은 안개만이 눈에 어릴 뿐이었다.

소양호에서 배를 타고 청평사를 향할 즈음 안개는 서서히 걷히고 호수 연안의 산들이 자태를 드러내고 있었다. 산들은 붉고 누렇게 가을 색을 띠고 있었다. 배는 포말을 뿌리며 동양화의 화폭 속으로 들어가듯 강안江岸을 향하여 미끄러져 들어갔다. 안개구름으로 감싸인 산자락은 신선들이라도 살고 있을 듯 선경仙境을 이룬다. 배에서 내려, 계곡을 끼고 야트막한 산길을 걸어 올라가니 크지도 작지도 않은 아담한 절이 나온다. 오봉산 자락에 자리한 청평사라 한다. 대웅전으로 올라가는 길목에 큰 은행나무가 한 그루 서 있다.

주위의 나무들과 달리 그 나무는 아직 물이 안 든 채 푸른 잎들을 달고 서 있었다.

마침 지나가는 스님이 있어 물어본다.

"스님, 이 나무는 언제쯤 단풍이 들까요?"

"보살님 마음에 단풍이 들면 그 나무도 단풍이 들겠지요."

합장을 하고 지나가는 젊은 스님의 뒷머리가 유난히 파르스름해 보인다. 무심한 질문이 뜻하지 않은 선문답으로 이어지니 속인俗人의 흐린 마음을 들킨 듯 문득 부끄러워진다. 내 마음은 과연 무슨 색깔을 하고 있을까?

사람들은 불당에 들어가 절을 하고, 사진을 찍기에 여념이 없다. 그러고 보니 대웅전 처마의 단청丹靑과 앞산에 보이는 울긋불긋한 단풍이 기막힌 색깔의 조화를 이루고 있다. 아니, 앞산에 난만한 단풍은 바로 자연이 그려놓은 단청이 아닌가.

둘러보니 온 산이 붉은 단청으로 채색되어 가고 있다. 이 황홀한 빛의 향연 앞에서 만다라의 한 자락을 본 듯, 가슴 깊은 곳에서 잔잔한 기쁨이 샘솟는다. 감탄을 연발하는 문우들의 마음도 단풍으로 물들어 감을 내 어찌 모르랴. 아름다운 빛깔로 곱게 물들어가는 가을 산처럼 나도 그렇게 여생을 보내고 싶다. 봄에 새 잎이 나서 푸른색으로 무성한 여름을 지나 가을이 되어 비로소 만 가지 색으로 물드는 것은 겨울에 잎을 다 떨구어 보내기 위한 마지막 향연이 아닐까. 나에게 소중했던 것들이 하나씩 모두 떠나갈지라도 결코 서러워하지 않으리라.

나의 자리에서 흔들리지 않고 내 빛깔 그대로 서 있으련다.

(1995)

새타령

그 방안은 수십 마리의 새들로 가득 차 있었다.

목이 긴 한 쌍의 두루미, 아침마다 기쁜 소식을 알려주는 까치, 옛 민화에서나 봄직한 봉황새도 있었다. 그리고 어느 산자락에서 만났을 것 같은 노랫소리도 고운 멧새.

언젠가 해 저무는 들녘에 외롭게 서 있던 키 큰 해오라기도 있었다. 막 날개를 접고 앉아 있는 새. 고개를 숙이고 먹이를 쪼아 먹는 새. 금방 날개를 푸드득거리며 날아갈 듯 입을 벌리고 하늘을 응시하는 새도 있다.

새타령에 나오듯이 온갖 새들이 다 모여 있었다.

…… 새가 새가 날아든다. 온갖 새가 날아든다.
구만장천九萬長天에 대붕새, 기산조양崎山朝陽에 봉황새.

가인상사佳人相思 기러기, 귀촉도歸蜀道 불여귀, 원불상리願不相離 원앙새……

조각가 이영학李榮鶴의 조각 전시회장에서 내가 본 것은 우리의 산야를 훨훨 날아다니는 새들의 무리였다. 그러나 분명히 새들인데도 정물처럼 서 있는, 만들어진 새였다. 자세히 보니 그 새들은 집안 곳곳에서 볼 수 있는 철물들로 만들어져 있다. 못, 송곳, 흙손, 꽃삽, 망치…….

가위가 입 벌린 새의 머리가 되고, 곡괭이는 새의 꼬리가 되어 있다. 연탄집게가 황새의 몸통으로 탈바꿈하여 의연하게 서 있다. 대나무 빗자루가 새의 몸통이 되는가 하면 부엌 식칼이 새의 몸통이 되어 있기도 하다. 부리도 가지가지이다. 찰칵찰칵 소리가 날 것 같은 엿장수의 투박한 가위, 여인의 바느질 가위, 뾰족한 이발사 가위, 철물용의 가위도 있다.

한 작가의 탁월한 상상력에 놀라며 다시 전시장을 둘러보았다. 고물상에서나 볼 수 있을 쇠붙이들이 한 예술가의 영감靈感에 의하여 생명을 얻어 새들로 환생하고 있었다. 단단한 쇠붙이가 날개 달린 새들로 변한 환상 앞에서 나는 황홀하였다. 그리고 닳아 없어져 가는 사물들이 내뿜는 그 빛나는 고요함에 매료되었다.

작가는 이태리에 유학하며 끊임없이 자신의 세계를 찾아 방황하였다고 한다. 고국에 돌아와서 우리의 산천에 안기면서 그는 서서히 자신의 세계를 구축하였던 것 같다. 그는 이 땅에 흩어져서 점점 사라져가는 옛 도구를 눈여겨 보게 되었고, 그것들의 조형성을 살려서 창작을 하게 된 것이다.

그는 새들을 만들면서 가지가지의 청아한 새들의 울음소리를 들을 수 있었을 것이다. 그 소리는 또한 그를 길러준 이 땅의 온갖 생명의 소리임을 느끼게 되었으리라. 비로소 그는 자신의 내면에서 울려 나오는 절실한 영혼의 소리를 듣게 된 것이 아니었을까? 우리의 땅을 일구던 호미, 곡괭이, 도끼, 식칼, 가위 같은 쇠붙이를 가지고 만든 새들이기에 그 연장을 사용하던 농부들의 넋이 어려 있는 것일까. 혹은 억압받으며 고통 속에서 죽어간 한恨 많은 여인들의 넋이 그들의 손때 묻은 가위, 인두를 통해 새들로 환생한 것이 아닐까.

옛날 사람들은 새를 하늘을 나는 영적인 존재로 보았다. 가장 가볍고 자유로운 존재이기에 인간은 새를 동경하며, 하늘을 날기를 꿈꾸었을 것이다. 조명을 받고 정물이 되어 서 있는 새들에게는 어딘지 혼이라도 깃들인 듯 영험한 분위기가 감돌고 있다. 그리고 무슨 할 말이라도 많은 듯 절실한 표정들을 하고 있다. 단순화되고 추상화한 새들의 형상에서 더욱 뚜렷한 새의 특질과 금방 울음소리라도 날 것 같은 생명감을 느끼게 됨은 어쩐 일일까? 호미가 몸통이 되고 전지剪枝용 가위는 부리가 되어 벌리고 있는 어느 새의 모습은 너무 재미있고, 자세가 익살스러워 웃음이 절로 나온다. 소재가 쇠붙이지만 오랜 세월 동안 사람의 손때가 묻었고, 흙, 이랑 이랑을 헤쳐 왔던 시간이 녹슬어 있어서인지 전혀 찬 광물질로 느껴지지 않는다. 손을 대면 마치 포근한 새의 깃털이라도 잡힐 것만 같은 따스한 정감이 느껴진다.

이 강산의 붉은 흙을 파며 한평생을 살았을 농부들은 언제나 텃새들과 삶을 같이 해 왔다. 땀 한 자락 식히며 시름을 달래고 귀 기울이던 소쩍새, 할미새, 종달새의 울음소리에서 위안을 받기도 하고, 한과 시름을 달래기도 했을 것이다.

새를 통하여 그들은 삶의 질곡으로부터 벗어나고 싶어 그 신명과 풍류를 그토록 화려하게, 피울음 섞인 소리로 풀었던 것이리라. 전시장에 서 있는 나에게 환청이듯 새타령이 들려오는 것 같았다.

> 저 무슨 새가 울음 우나. 저 뻐꾹새가 울음 운다. 꽃 피어서 만발하고, 잎 피어서 우거진데 청계변으로 날아든다. 이 산으로 가도 뻐꾹 저 산으로 가도 뻐꾹 뻐꾹 좌우로 날아 울음 운다……
>
> 저 무슨 새가 울음 우나, 야월공산夜月空山 저문 날에 저 두견이 울음 운다. 이 산으로 가며 귀촉도, 저 산으로 가며 귀촉도, 짝을 지어서 울음 운다. 저 꾀꼬리 울음 운다. 황금 갑옷 떨쳐입고 양류청청楊柳靑靑 버드나무 제 이름을 제가 불러 이리로 가며 꾀꼬리루, 저리로 가며 꾀꼬리루…….

(1994)

3부

그리움에 대하여

어린 시절에는 보고 듣는 모든 것이 그리움이었다.

어디로 가는지 모르게 끝없이 이어진 하얀 신작로, 밤바다에 오색 불빛을 드리우며 떠있던 군함들, 기차역을 떠나며 울리는 기적소리…. 소년 잡지에 실리던 어린 문사들의 빛나는 이름들. 방학 때면 만나던 이종 사촌 언니와는 이별할 때마다 뱃머리에서 눈물을 흘리며 안타까워했다. 청춘 시절에는 멀리 있는 이성을 그리워하며, 그의 눈길이 닿을 강물과 그가 오고 갈 길까지 그리움의 대상이었던 것을.

먼 나라의 오래된 사원들과 언덕, 그리고 돌기둥만 남아 있을 폐허들을 얼마나 동경하며 그리워했던가. 그런데 요즈음의 나에게는 이다지도 그리운 것이 없단 말인가?

물기 어린 애틋한 감성의 마음밭에 미세하게 일어나는 떨림을 느낀 게 까마득한 옛날인 것 같다. 하루하루 식구들의 안위와 건강을 위해, 그것만이 삶의 목적인 듯 식단을 짜고 시장보기를 열심히 하다 보니 자신이 기계처럼 느껴진다. 은행의 이자율을 비교하고, 건강과 미용정보에 촉각을 세우고, 백화점의 바겐세일을 찾아다니는 도시적 삶이 나로부터 물기어린 그리움의 세계를 빼앗아 간 것일까?

그날은 섣달 그믐이라 길에는 설을 준비하는 사람들로 북적대고 있었다. 선물 꾸러미를 들고 고향으로 내려가는 사람들로 기차역은 혼잡을 이루고 있다고 뉴스는 시간마다 보도하고 있다.

고향을 찾는 마음은 어떤 것일까. 얼마나 가슴 설레이며 보고 싶은 얼굴을 그리고 만날 날을 기다릴 것인가. 깜깜한 고속도로에 끝없이 이어질 자동차의 행렬들, 그 안에서 아이들은 잠에 곯아떨어지고, 젊은 부부는 부모님의 얼굴을 떠올리며 귀향이 주는 포근함에 젖어 있을 것이다.

고향을 떠난 지 수십 년이 흘렀고, 고향에 찾아갈 만한 사람이 남아 있지 않는 나는 그들이 지니고 있을 그 '그리움'이 부럽다. 나는 할 수만 있다면 그들의 '그리움'을 빼앗아 내 것으로 하고 싶은 시새움마저 느낀다.

저녁 무렵, 복사할 원고가 있어 아파트 상가에 있는 문방구를 찾았다. 복사가 끝나기를 기다리는 동안 건너편 책방에서 책을 뒤적이고 있었다.

쌓여있는 월간지들 중 한 권을 들고 책장을 넘기는데, 어느 만화가가 고향 이야기를 쓴 글이 눈에 들어온다.

'작가의 고향, M시'

나는 나도 모르게 그 글을 한 줄 한 줄 읽어가고 있었다.

그 글에는 어린 시절 내가 살던 동네 이름들이 다 나와 있었다. 한국전쟁이 끝난 직후의 그 살벌하고 궁핍하던 풍경이 생생하게 그려져 있었다. 빗물이 줄줄 새던 가교사, 구두닦이 아이들, 허름한 판잣집들. 특히 그 글에는 시장 근방의 이야기가 자세히 그려져 있었다.

나는 가슴이 조금씩 설레고 있었다. 어린 시절 학교에 가려면 언제나 시장거리를 거쳐서 가게 되어 있었다. 그곳에는 '좀 줘'라는 미친 여자가 있어 오가는 사람들에게 불쑥 손을 내밀고 "좀 줘. 좀 줘."하며 구걸을 하는 것이다. 까치집 같은 머리에 누더기를 걸치고, 입으로는 무언가를 질겅질겅 씹으며 시장바닥을 누비던 그녀의 모습은 지금도 선명하게 나의 뇌리에 박혀 있다. 장난꾸러기 사내애들은 좀 줘만 보면 돌팔매를 해대었다. 고향을 떠올릴 때마다 오래된 상처의 흔적처럼 그녀의 얼굴은 기억의 저편으로 떠오르곤 한다. 그녀 가까이 가는 것은 무섭고 싫었지만 언젠가부터 그녀가 보이지 않을 때 나는 그녀의 행방이 무척이나 궁금했다.

어린 시절을 회상하면 어딘지 일그러지고 어두운 모습을 한 존재들이 더 뚜렷이 기억됨은 이상한 일이다. 고향이 M시라는 사람을 만날 때마다 나는 그녀를 알고 있는지 묻고 싶었다.

혹시 글쓴이가 '좀줘'를 알고 있을지 모른다는 생각은 나를 조바심 나게 했다. 나는 계속 글을 읽어 내려갔다. 그리고 마침내 '좀줘'라는 글자가 내 망막에 들어왔다.

사람들에겐 누구나 혼자 간직하고 싶은 추억이 있는가 하면, 공유하고 싶은 추억이 있는가보다. 그녀를 알고 있는 사람이 있다는 것만으로도 나는 가슴이 벅차오름을 느꼈다. 그것은 반가움이란 말로 간단히 말해버릴 수 없는 그 무엇이었다. 마치 오랫동안 외롭게 어떤 진리를 수호해오던 사람이 마침내 한 동조자를 만난 것 같다고 한다면 지나친 비유가 될까.

그러나 글을 읽어 내려가면서 내 마음은 슬픔으로 싸늘하게 식어가고 있었다.

'좀줘'는 어느 날 밤 시장거리의 불량배에게 능욕을 당했다고 한다. 그리고 점점 불러오는 배를 감싸고 여전히 시장거리를 헤매었다는 것이다. 몇 달 후 어느 겨울 날 그녀는 몸을 풀다가 하혈이 심해서 죽고 말았다고 한다. 그 작가는 '좀줘'를 자신의 만화에 주인공으로 그린 적도 있다고 했다. 나는 갑자기 온몸에서 힘이 다 빠져나가는 것 같았다. 차라리 그 책을 읽지 말 것을…. 그녀가 미망에서 깨어나 행복의 양지에서 노닐 것이란 생각은 안했지만, 내 유년의 골목길을 희미하게 비추던 추억의 등불 하나가 꺼져가는 것 같았다.

바깥은 어느덧 어두워져서 붉고 푸른 네온 등들이 명멸하고 있었다. 섣달의 차가운 바람 속에서 내 두 뺨에는 뜨거운 눈물이 흐르고 있었다. 멀리멀리 가뭇없이 사라져 가는 고향의 기억을 붙잡기라도 할 듯 나의 오열은 쉽게 멈춰지지 않았다.

그때 내 마음의 바다에 떠올라 파도처럼 넘실대던 그것이 바로 '그리움'이 아니었을까?

(1994)

여름옷을 정리하며

유리창으로 들어오는 가을 햇볕이 따스하게 등을 데워주는 게 더운 목욕물에 들어앉은 것처럼 온몸이 나른해진다.

언제부터인지 어깨까지 끌어올린 솜이불의 무게가 새삼 포근하고, 아침녘 시장가는 길에 대하는 길가의 풀들도 여름내 시달리던 폭양에서 벗어나 매무새를 고쳐 앉은 여인들처럼 조신한 표정들이다. 우리들이 모르는 동안 가을은 이미 안개처럼 조금씩 스며 들어와서 햇빛 속에도 바람 속에도 잠자고 있었나보다.

가을은 결국 이렇게 오는 것을…… 지난여름, 우리는 가을이 영원히 오지 않을 것처럼 여름을 지겨워했었다. 끝없이 여름만 계속될 것처럼 더위를 탓하고 소리 높여 불평을 했었다.

시간은 낮은 목소리로 우리를 일깨워 준다. '모든 것은 흘러

가고 있다.'고…….

여름옷을 정리한다. 가는 때가 묻어 빨아놓았던 하얀 블라우스도 차곡차곡 개켜놓고, 어깨가 파진 보라색 원피스도 잘 개어 넣는다. 이 원피스를 입고 지난여름 미국에서 J를 만났었지. 굽 낮은 구두를 신고 대학에 갓 입학했을 때처럼 활기차게 미술관을 돌아다녔었지. 오랫만에 외국여행을 하면서 가졌던 환상과 추억을 가지런히 개켜 넣는다.

지난여름, 그 유난히 무더웠던 더위와 권태도 옷과 함께 차곡차곡 장롱 속에 집어넣는다. 박쥐 장식을 단 붉은 색 3층장. 내 손에 오기 전에는 어느 규방여인의 손길로 길들여졌었을까? 들기름으로 잘 길든 노란 장판 온돌방 윗목에서 그 어느 여인도 여름이 다할 무렵 옷 정리를 했을지도 모른다. 동백기름을 발라 곱게 쪽진 머리를 하고 자주색 끝동을 단 옥색 치마저고리를 입고 있었으리라.

이제는 비취가락지도 내년 여름을 위해 넣어두어야겠다고 생각하며 여름에 입던 모시옷을 곱게 접어 장롱 속에 넣었을지도 모른다. 때로는 한숨을 쉬며, 때로는 미소도 지으며, 분합문 밖 파초 잎을 회상했을지도 모른다.

장롱 속은 깜깜하다. 그러나 손을 넣어 더듬어보면 무언지 손에 잡힐 듯도 하다.

흘러간 모든 것. 아니면 보이지 않는 미래 같은 것.

작년에 촘촘히 싸서 넣어두었던 나프탈렌은 모두 어디로 가고 그것을 쌌던 휴지만이 구겨진 채 손에 잡힌다. 그 자그만 탁구공 같기도 하고 사탕같기도 하던 물체는 혼백처럼 홀연히 날아가 버린 모양이다. 그러나 옷 갈피갈피에 눈에 보이지 않는 냄새로 남아 있는 것을 나는 알고 있다. 사라져버린 모든 것은 눈에는 안 보이나 꼭 어디엔가 남아 있을 것 같다. 가을옷과 여름옷이 스치면서 인사한다.

안녕! 가을을 축합니다.

안녕! 지난여름은 위대했습니다.

소임을 다한 여름옷은 긴 휴식을 취하게 될 것이다.

언젠가 젊은 날, 나에게도 40이란 나이가 올까? 도저히 상상이 안 되었었다. 그러나 시간은 어김없이 나를 이끌고 40의 고개로 데려다 주었다. 40대란 그 풍성한 인품과 연륜으로, 잘 익은 과일주마냥 향기를 감출 수 없는 나이인 줄 알았다.

아직도 떫은 욕망과 집착을 버리지 못하는 나는 내년 여름이면 조금은 더 성숙해져 있을지?

때로는 학문이나 예술로 일가를 이룬 친구들이 훌륭해 보일 때가 있다. 그러나 나는 매일매일의 일상에서 행복을 찾고 만남에서 기쁨을 발견한다. 가끔 몽상에 잠기기도 하고 남을 위해서도 시간을 낼 수 있는 시간적 여유를 즐긴다. 드높은 성공은 없지만, 내세워 자랑할 것도 없지만, 평범하게 열심히 살다가면 그것으로 인생은 보람 있는 게 아닐까?

옷을 다 챙겨 넣고 나프탈렌도 싸넣고 장롱의 자물쇠를 채

운다. 주변을 치우며 가을을 맞을 채비를 끝낸다. 모르는 사이에 슬며시 찾아와 나를 에워싸고 있는 내 인생의 가을에게도 다정한 환대의 눈길을 보낸다.

(1986)

다시 뉴욕에

어디론가 떠난다는 것은 가슴 설레는 일이다. 2, 3일 서울을 떠나 시골을 다녀오는 것도 그러하거늘, 15일 동안의 외국여행을 하게 됨에 있어서랴! 떠나기 달포 전부터 나는 아이들이 호주머니에서 알사탕을 자주 꺼내보듯이 미국여행을 떠올리며 이런저런 기대를 해보곤 했다. 그러나 기대 뒤에는 비행기 여행에 대한 두려움도 있었고 혼자 떠난다는 데에 대한 일말의 불안감도 숨길 수 없었다. 또 막상 집을 비우려니 걸리는 게 한두 가지가 아니었다. 집안일을 돌봐줄 아주머니, 남편과 아이들에게 각각 부탁할 일을 적다 보니 스무 가지가 넘었다. 그 동안 미루어놓았던 일들도 정리하고, 선물 등을 챙기려니 더운 날씨에도 매일 쇼핑을 해야 되었다. 때로는 떠나기 위한 이 모든 절차가 피곤하다 못해 짜증스럽기까지도 했다.

"시골사람처럼 뭐 새 옷까지 해 입으랴?"

하고 큰소리를 쳤으나, 막상 떠날 날을 며칠 앞두고 나는 새로 나온 원피스와 구두도 한 켤레 샀다. 떠나는 날, 아이들의 전송을 받으며 가벼운 발걸음으로 비행장으로 향했다.

혼자만의 외국여행……. 뉴욕의 시누이 집에 머무르고 계신 연로하신 시어머님을 모시러 가는 일이 목적이긴 하나 목적에만 연연하고 싶지는 않다. 잠시 동안이라도 나를 얽어매고 있는 수많은 끈에서 벗어나 여행 자체를 즐기고 싶은 것이다. 이 짧은 여행을 통하여 또다른 나 자신을 발견하고 내 인생에 좀 더 다채로운 문양文樣을 수놓을 수 있기를 기대해본다.

비행기에 올랐다. 여승무원이 좌석을 찾아주고 있었다. 내 옆 좌석에는 턱수염을 기른 뚱뚱한 백인남자였다.

시계를 보니 곧 저녁식사 시간이었다. 아이들은 모두 집에 돌아왔을까? 비행장에서 한번 더 집으로 전화를 안 해 본 게 마음에 걸린다.

이륙 아나운스가 있고 곧 비행기는 뉴욕을 향해 출발하였다.

비행기가 서울에서 점점 멀어지면서 아이들 생각, 집 생각도 점점 아슴하게 멀어지고 있었다.

생각해보니 뉴욕을 떠난 지 15년 만에 다시 찾는 셈이었다.

그때 돌을 갓 지났던 딸애는 엄마보다 더 큰 처녀가 되었고, 꿈과 패기로 가득 찼던 20대의 남편은 중년으로 접어들었다. 나 또한 눈가에 주름살 잡힌 나이가 되었으니 시간의 냉정한 진실에 새삼 아연할 뿐이다.

15년 전 뉴욕을 떠날 때가 떠올랐다. 노란 코트에 노란 모자를 씌운 딸애를 안고 비행기를 오를 때에는 남편이 공부를 끝내고 귀국한다는 기쁨보다는, 3년 동안의 미국생활이 갈등과 불만으로 끝난 것을 아쉬워하고 있었다. 꽃다발을 한 아름 안듯이 시작한 뉴욕에서의 신혼생활은 내가 꿈꾸던 생활이 아니었다.

뉴욕은 차가운 도시였다. 남편은 논문을 준비하며 한 치의 틈도 낼 수 없었고, 나는 익숙지 못한 가사에 허둥대야 했다. 두 개의 고집과 개성은 양보 없이 서로 상처를 주곤 했다. 아기가 생기자 조그만 아파트에서 하루하루를 아기와의 승강이로 보내야만 했다. 자동차만 타면 아기는 우유를 토했고, 밤에는 잠을 안 자고 울어댔다. 조그만 흑인아이들은 시장에 갔다 오는 길이면 바구니 속에서 지갑을 훔쳐 달아나곤 했다. 뉴욕에 가면, 주말에는 브로드웨이 연극을 보고, 메트로폴리탄의 오페라도 보고, 미술관과 박물관을 맘껏 돌아다니고 싶었던 나의 꿈은 매일매일 무너져 내리고 있었다. 일요일 아침이면 마루에 엎드려 한 아름이나 되는 '뉴욕 타임스' 일요판의 광고란을 더듬으며 깨어져버린 꿈의 조각들을 맞추어보곤 했다.

뉴욕은 꿈에만 사로잡혀 있던 나에게 현실이란 것을 명징하게 보여준 차갑고 커다란 거울이었다. 나는 처음으로 나 자신을 그 거울에 똑똑히 비춰볼 수 있었다. 지나간 세월은 모두 아름답기 마련인가? 그 오만과 치기로 가득 찼던 시절, 분노와 불만과 좌절이 소용돌이치던 젊은 시절이 애틋하게 그리워진다. 갑자기 젊은 날의 남편의 모습이 떠오른다. 시간을 거꾸로 돌려 그 시절로 돌아가고 싶다. 두 편의 영화와 반복되는 FM, 옆자리 승객과 한두 마디의 대화, 그리고 주는 대로 음식을 받아먹는 동안 뉴욕은 점점 가까워지고 있었다.

비행기가 뉴욕의 케네디 공항에 도착한 것은 서울을 떠난 지 열다섯 시간이 지난 후였다. 비행기 창을 통해 멀리 아래로 보이는 뉴욕은 막 어둠이 깔리기 시작할 무렵이었다. 밤하늘의 별처럼 땅 위에는 하나둘씩 불이 켜지고 있었다. 안개인지 뽀얀 연기 속에 켜진 전깃불은 망사 레이스에 보석이 박힌 듯 아름다운 광채를 빛내고 있었다. 하루가 서서히 장막을 내리고 있었다. 뉴요커에게도, 미국의 꿈을 찾아온 많은 이민들에게도 이 시간은 하루의 일과를 마치고 안식을 찾을 때였다.

소호의 가난한 예술가도, 파크 애비뉴의 백만장자도, 계절 따라 뉴욕을 찾아온 에트랑제들도 숙소로 돌아갈 시간, 센트럴 파크의 새들과 다람쥐들도 모두 둥지를 찾아들고 있으리라.

갑자기 아련한 슬픔 같은 게 밀려온다. 눈물이 날 것만 같다.

우리는 모두 어디로부터 와서 어디로 가는 것일까? 내 아이들은 어떤 인연으로 나한테서 태어나 한 가족이 된 걸까? 그들은 또 나를 떠나서 어떤 삶을 살게 될 것인가? 나와 인연 맺은 부모형제들은 이생이 끝나면 어디서 어떻게 다시 만나게 되랴.

비행기는 공룡시대의 거대한 새와 같은 몸짓으로 날개를 편 채 서서히 육중한 몸을 돌리며 귀착지를 찾고 있었다.

무변의 공간을 지나 낮도 아니고 밤도 아닌 시간의 진공眞空 지대를 날아, 이제 막 미지의 땅에 날개를 접으려고 한다.

승객들은 하나둘 짐을 챙기며 안내방송에 따라 내릴 채비를 한다. 내 옆자리의 털보아저씨도 눈으로 인사를 한다.

나도 가방을 들고 승무원들의 전송을 받으며 출구를 나섰다. 나는 낯선 승객들 틈에 밀리며 전등불이 환한 긴 트랙을 지나고 있었다.

커다란 거울의 도시, 뉴욕에 다시 한 번 나를 비춰보기 위하여 천천히 발걸음을 옮겨놓았다.

(1986)

정상에서의 하룻밤

우리가 설악산의 정상頂上인 대청봉에 다다랐을 때에는 안개 같은 실비가 자우룩이 내리고 있었다. 생각했던 것보다는 밋밋한 산봉우리였다. 키 큰 나무들은 모두 사라지고 키가 작달막한 관목들과 이름 없는 풀꽃들, 바위와 푸석푸석한 산모래뿐인 쓸쓸한 풍경은 오히려 어떤 허탈감을 안겨주었다. 사방이 구름 속인 듯 시야는 뿌유스름하게 보이고, 모든 것이 시간마저도 정지한 듯 바람소리만 들릴 뿐이었다.

마치 어떤 불가해한 세계의 초입에 선 듯 싸늘하고 신비스러운 분위기이다. 마음속으로 뿌듯한 기쁨이 서서히 차오른다.

네 시간이 넘는 고된 등반 끝에 드디어 정상에 도달한 것이다. 첫 발짝의 내디딤, 그 출발이 1,700미터가 넘는 산봉우리 위에 올라서게 했다는 사실이 새삼 교훈으로 되새겨진다.

남편은 일 년에 대여섯 번씩은 설악산을 다녀오곤 하는데, 그를 그토록 매혹시키는 산의 비밀이 무엇인지 항상 궁금했다. 때때로 그는 산에서 본 '별이 쏟아질 듯한 밤하늘'을 또는 '제트기 소리 같은 바람소리'를 이야기하곤 했지만, 나에겐 가슴에 와닿지 않는 안타까운 이야기일 뿐이었다. 그래서 언제부턴가 나도 설악산의 산봉우리들과 그 수려한 계곡들을 밟아 보고 싶었던 것이다.

정상頂上은 바람이 세었다. '대청봉'이라 쓰인 바윗돌을 붙안고 보니 알프스에라도 오른 기분이다. 때 묻고 속된 세상사람들을 범접하지 못하게 하려는 산신령의 조화인지, 온통 날려보낼 듯이 바람이 불어댄다. 발아래 연봉들은 모두 구름에 뒤덮여 운해雲海를 이루고 있다. 그러나 어느 틈엔지 한쪽으로부터 구름이 걷히면서 화채봉의 기암절벽들이 마지막 햇살을 받아 조명을 받은 연극 무대의 주인공처럼 웅자雄姿를 드러낸다.

너무나 절묘한 경치에 할 말을 잃고 자연의 오묘함에 탄복할 뿐이다. 이 세계는 얼마나 신비로 가득 차 있는 것인가!

지구는 또한 얼마나 아름다운 별인가? 하느님의 솜씨는 정말 무궁무진하기만 하다. 이 땅에 살면서 생전에 한 번쯤은 이런 경치를 보아야 되지 않겠는가?

설악은 살아 있었다. 혼이 있으며, 숨을 쉬고, 구름이나 바람을 자유자재로 부리면서 우뚝 솟아 있는 것이다. 어느 깊은 골짜기에서는 신선神仙이라도 살고 있을 듯, 영험한 기운이 감돌고 있는 것만 같다.

날이 어둑어둑해져서 '중청산장'에서 하룻밤을 지내기로 한다. 저 아래 계곡에서 불빛이 반짝이고 젊은이들의 노랫소리가 아련히 들려온다.

"저기가 희운각이야. 설악의 명동 같은 곳이지."

하고 남편은 설명한다.

희미한 석유 등잔불 아래에서 버너에 저녁밥을 지어먹었다. 문명세계와는 아득히 멀다는 게 실감나면서 가슴속에서 잔잔한 감회가 밀려온다. 두 다리는 뻣뻣하고 온몸이 쑤실 듯 피곤함이 엄습해왔다. 배낭에 기대어 쉬고 있는데 다른 등산객들이 들어온다.

어느 조그만 회사의 단체팀인 듯, 여직원 3, 4명을 포함하여 사장님, 전무님, 상무님, 무슨 과장님… 하여 열 명 가량 되었다. 그들은 사장님을 깍듯이 모셔서 아랫목에 자리를 잡아드리고, 식사도 제일 먼저 떠드리곤 한다. 그들은 기타도 치고 노래도 부르며 밤늦게 잠드는 것 같았다. 사장님이 노래를 부르자 모두들 앙코르를 외쳐댄다.

산장주인은 산중 생활이 18년째라고 한다. 식구들은 아랫마을에서 사는데 마침 휴일이라 중학생인 두 딸이 올라와 있었다.

"애들은 내가 인디언 같다고 창피하대요."

하면서 덥수룩한 머리를 숙이며 당귀차를 권한다. 강원도 말씨의 억양이 구수하게 들린다.

비를 맞아 그런지 남편이 자꾸 기침을 해서 신경이 쓰였다. 침낭 속에 번데기처럼 푹 파묻혀서 쉽게 잠이 들었다. 밖에서는 바람소리가 심하게 났다.

잠결에, '곧 해가 뜨겠다.', '오늘은 날씨가 좋다.'는 소리를 아슴푸레 들으며 서서히 잠에서 깨어났다. 회사 팀도 일어나서 해돋이를 볼 준비들을 하는 모양이다.

한 사람이 그들의 사장님한테,

"사장님, 기침하셨습니까?"

묻는다. 나는 마음속으로 기침은 남편이 많이 했는데 싶어 가만히 듣고 있으려니,

"내가 왜 기침을 해."

하고 사장님이 퉁명스럽게 대답한다.

"아니, 기침起寢하셨습니까? 일어나셨는가 해서요……."

머쓱해하는 소리에 나는 혼자서 실소失笑하고 말았다.

밖에서 해가 뜬다는 소리가 들려 모두들 나왔다. 바깥 공기는 쌀쌀하고 어젯밤의 안개는 모두 걷혀 있었다. 동해바다 위에는 짙은 구름층이 깔리고 한참 동안 붉은 빛을 띠고 있더니, 진홍빛 해가 조금씩 떠오르기 시작한다.

하루의 시작을 알리면서……. 간밤에 절망 속에 잠들었던 사람도 삶에 대한 의욕을 되찾으리라. 떠오르는 해를 보면서 기원을 한다. 지극히 인간적이고 속된 기원이기는 하지만 꼭 이루어질 것 같은 기대를 하며 햇살이 더 퍼지기 전에 산을

내려간다. 우리는 희운각으로 해서 천불동 계곡을 거쳐 설악동으로 하산할 계획이다. 가파른 길이나 날씨는 맑게 개이고, 바위와 풀, 흙을 밟으며 한 발짝씩 내려가노라니 마치 사랑하는 사람의 살갗을 더듬는 듯 푸근한 행복감을 느낀다. 이 한 줄기 시원한 바람과 눈을 맑게 해주는 푸르름만 있다면 세상에 부러울 게 없을 것 같다.

어찌하여 산은 우리에게 이렇게 정복淨福을 주는 것일까. 저 아래 세상에서 마음을 볶으며 안달하던 일들이 참으로 부질없고 어리석은 짓들이 아니었는가. 하얀 고사목이 드문드문 서 있다.

오른쪽은 죽음의 계곡을 끼고 왼쪽으로는 멀리 공룡능선이 꿈속처럼 신비스러워 보인다. 젊은 넋들의 희생이 많아 '죽음의 계곡'이라고 불리운다는 그 계곡은 유난히 산새들이 많이 지절거리고 있다. 설악이 좋아 설악에 묻힌 젊은 넋들. 지금쯤 무엇으로 환생하여 산의 주위를 맴돌고 있을까?, 구름일까, 안개일까. 혹은 바람일까?

마치 음악의 선율 같은 하산길이다. 누군가 우리나라의 작곡가 중 설악산을 주제로 교향곡을 쓰실 분은 없을까? 짙푸른 녹음과 옥수玉水 같은 계곡의 물을, 또는 가을철 만산이 불타오르는 단풍의 화려함을……. 한겨울 흰 눈에 뒤덮인 험산준령의 깨끗한 혼을, 바람과 별과 구름을 한국적인 정서로 악보에 옮겨보면 설악의 넋이 담긴 훌륭한 음악이 되지 않을까?

햇살이 더 높이 퍼지고 온몸이 땀으로 후줄근하게 젖는다.

멀리 아래서 계곡의 물소리와 함께 사람들의 소리가 부산하게 들리기 시작한다. 아침밥들을 짓는지 찌개냄새가 구수하게 올라온다. 희운각이 가까워오는가보다.

대청봉 산장에 걸린 노산 이은상의 시 구절처럼 티끌세상에서 부대끼고 지쳤을 때, '사랑의 세례'를 받으러 다시 설악을 찾겠다고 다짐하며 아래로 아래로 내려갔다.

(1988)

지울 수 없는 그림

작년 가을, H화랑에서 열린 박수근朴壽根 화백의 회고전回顧展을 찾은 날은 전시회도 거의 끝나갈 무렵이었다.

전시장을 들어선 순간 나는 마음속으로 '아!'하고 탄성을 발하고 말았다. 흰 벽면을 가득 메운 두 손바닥만 한 크기의 그림들.

그 속에는 삼십 년 전의 나의 모습, 우리의 이웃과 고향이 있었다. 조그만 그림 하나하나 앞에 설 때마다 나는 액자 속으로 뛰어들고 싶었다. 그곳에는 잃어버린 나의 유년이 숨 쉬고 있었기 때문이다. 어디선가 토담의 흙냄새도 날 것 같고 또옥똑 떨어지는 낙숫물 소리도 들릴 것 같다. 앞머리를 가지런히 자르고 뒷머리를 치켜 깎은 소녀는 고무신을 신고 동생을 업고 있다.

겨울나무들 사이로 이어진 황톳길, 개울가에서 빨래하는 아낙네들, 그리고 판잣집들……. 전쟁 뒤 가난과 궁핍이 어디에나 묻어 있는 정경情景들이다.

그러나 인간의 선함과 진실함이 화폭 어디에나 스며 있었다.

내 방에도 그 그림들 중 한 장이 걸려 있다. 지금 내가 마주하고 있는 달력에 인쇄된 그림이다. 그것은 어느 동네의 골목 안 풍경.

메마른 가지에도 움이 막 트려고 하는 이른 봄날인가보다. 멀리 전봇대도 보이고 초가지붕과 기와지붕이 정답게 어깨를 나란히 하고 있다. 조그만 계집아이 둘이서 땅에 쪼그리고 앉아 공기놀이라도 하는 걸까? 머리에 함지를 이고 가는 아주머니의 모습도 보인다. 하루의 장사를 끝내고 돌아가는 발길이 바쁘다.

아이들은 배고픈 줄도 모르고 놀이에 열중하고 있다. 얼마 안 있어 집집마다 나지막한 굴뚝에선 아릿한 연기 자욱하고 어머니는 행주치마에 손을 닦으며, "영이야, 순아, 저녁 먹어라." 아이들을 부르겠지.

골목 안에는 초봄의 잔광殘光이 따뜻하게 머물고 있다.

캔버스가 없어 하드보드지에 그린 그림으로 그 황갈색조가 오히려 포근한 정감을 불러일으킨다. 그 색조는 나에게도 황갈색으로 남아 있는 몇몇 어린 시절의 장면을 떠올리게 한다.

그때 우리 학급에는 월사금을 제때에 못 내는 아이들이 적지 않았다. 어느 날 선생님은 나에게 방과 후 한 아이의 집에 따라가서 밀린 월사금을 받아오라고 하였다. 그 애와 나는 아무 말 없이 걷기만 했다. 뙤약볕이 마구 내리쬐던 그 뜨겁던 황톳길. 나는 고무신을 신은 발바닥이 따가웠지만, 그 누런 길이 끝없이 이어져 그 아이의 집이 영원히 안 나타났으면 싶었다.

또 한 장의 그림은 어느 가을날이다. 그때 나는 얼굴에 주근깨가 많고 가랑머리를 땋은 '미수'라는 아이와 단짝이었다. 어느 날 집에 오는 길에 상공회의소 마당에서 공기놀이를 하였다. 뜰에는 커다란 은행나무가 노랗게 물들어, 잎이 하나 둘 떨어지고 있었고……. '미수'는 은행잎을 한 잎 주우며, "너는 이 은행잎이 뭐였으면 좋겠니?" 라고 묻더니, 내 대답을 기다리지도 않고, "이 은행잎이 모두 돈이라면 얼마나 좋을까?" 하며 한숨을 쉬었다.

전쟁으로 아이들은 조금씩 조숙해 있었던 것일까? 5, 6학년이 되자 서울서 피난 온 아이들은 하나씩 떠나가기 시작하고 어느 날 '미수'도 떠났다.

이 무렵, 학교에서 시키는 대로 한 끼를 굶고 회충약을 먹은 뒤면 세상이 온통 노랗게 보이곤 했다.

전깃불이 자주 나가는 바람에 저녁마다 어머니는 남포등 아래에서 해진 양말을 한 광주리 앞에 놓고 전구를 넣어 하나씩 꿰매고 계셨다. 그 춤추던 귤빛 불꽃. 벽에 어른거리던 그림자들.

모두 나에겐 지울 수 없는 그림들이다.

허기와 뭔지 모를 그리움, 또 아쉬움으로 목마르던 그 시절,

우리의 소망은 더욱 빛나고 의식은 한결 영롱하지 않았던가?

때때로 요즈음의 넘치는 물질적 풍요와 번지레한 외양에서 포식 후에 느끼는 것 같은 불쾌감과 정신적 공허를 느낄 때가 있다. 어딜 가나 쇼핑센터요, 범람하는 물건들의 홍수다. 나 자신 조금의 결핍도 참지 못함을 알고 있다. 하루만 계란이 떨어져도 안절부절 못하고 휴지도 없으면 큰일나는 줄 안다. 누구나 그때의 가난으로 되돌아가고 싶지는 않지만, 우리의 정신을 풍요롭게 해온 것은 결핍이 아니었는지?

그래서 어려울 때일수록 우리의 영혼은 더욱 맑아지고, 가난과 역경 속에서 탄생한 예술품이 더 진한 감동을 주는 것이리라. 물들인 군복을 입고 미군 부대에서 초상화를 그려야 했던 박수근 화백. 그는 열두 살 때 밀레의 〈만종〉이 너무 좋아 하나님께 훌륭한 화가가 되게 해주십사하고 기도했다고 한다.

그가 즐겨 그린 나목裸木은 순수와 절제를 염원한 화가 자신인지도 모른다. 오늘도 화강암에 새긴 듯한, 영원히 지울 수 없을 박 화백의 그림에 내 유년 시절의 그림 몇 폭을 포개어 본다.

(1986)

대학병원 부근

시어머님이 입원하고 계신 12층 병실에서는 커다란 창이 나 있어 인왕산과 북악산이 어깨를 나란히 하고 있는 모습이 그림처럼 한눈에 들어온다. 그 아래 왼쪽으로는 은빛으로 빛나는 높은 빌딩들이 제왕들처럼 군림하고 있고, 좀 더 가까이로는 늦가을의 숲속에 보수공사가 한창인 창경궁이 보인다. 파헤쳐진 흙더미와 여기저기 펼쳐진 천막들이 몰락한 왕조의 비운을 한층 짙게 해주고 있다. 새로 기와를 올리고 붉은 단청을 입힌들 옛날의 영화를 되찾을 수 있으랴? 단지 관람객에게 보이기 위해 수리를 하는 광경이, 은퇴한 여배우의 화장하는 모습만큼이나 처연凄然하다. 그곳에서는 얼마나 많은 영광과 굴욕이 소용돌이쳤을까.

한 때는 비단옷 스치는 소리와 드높은 웃음소리가 낭자했을 뜰에 감돌고 있을 적요가 내 가슴 한켠으로 서서히 밀려온다.

어머님은 아직도 마취에서 깨어나시지 않은 채 창백한 얼굴로 누워 계신다. 침대 옆에 매달아 놓은 비닐 주머니에서는 몸과 연결된 튜브에서 흐르는 앵두주스 같은 액체가 한 방울 두 방울 고이고 있다. 그 색깔이 너무나 아름다워 차라리 슬퍼진다고 말하고 싶다.

저렇게 아름다운 액체를 내보낼 수 있는 우리 몸의 내부는 얼마나 현란한 빛깔로 이루어져 있을까? 문득 한 번 들여다보고 싶어진다. 우리가 마음대로 못하는 우리의 육체는 얼마나 아름다우면서도 슬픈 것이랴!

시아버님과 남편은 뭔지 우리들이 모르는 얘기를 틈틈이 나누고 있다. 불안한 생각이 이따금씩 고개를 든다. 멀리서 앰뷸런스의 사이렌 소리가 간간이 들려온다.

옛날 학창 시절에 이 대학병원의 뜰을 가로질러 학교에 다녔었다. 그때에는 이 근처에 하늘을 향해 쭉쭉 뻗은 나무들도 많았고, 붉은 벽돌의 고풍스런 건물은 숲과 함께 유럽의 어느 공원인 듯 이국적인 분위기를 이루고 있었다.

젊었던 나는 조금은 로맨틱한 기분에 잠겨 이 길을 거닐곤 했다. 멀리서 오가는 흰 가운들과 간호원, 산책 나온 환자들이 어울려 있는 정경은 신선한 감동을 주기도 했다. 언젠가 학교 정문에서부터 뒤를 따르던 발짝 소리가 멈추며,

"잠깐, 실례지만……." 하며 누군가가 말을 건 것도 시계탑

근처쯤이었다.

그때는 특별한 일이 없어도 매일매일이 축제일 같았다. 무언지 가슴 벅차고, 무슨 좋은 일이 일어날 것 같은 예감이 싸이고……. 그것이 바로 젊음이었던가보다.

내가 대학을 졸업하던 날 어머님은 무늬가 고운 두루마기를 입고 오셔서 축하해 주셨다. 우리는 문리대 교정의 인파를 피해서 이 의과대학 뜰에 와서 사진을 찍었었다. 인자하시고 이해 많은 분이신데 그때는 왜 그렇게 몹시도 어려웠던지……. 연로하면서 쇠약해지고 병으로 고생하시는 모습이 안쓰럽다.

그때 그 귀족같이 우아하던 시계탑 건물은 지금은 몸체는 다 잘려나간 채 연극 세트 같은 표정으로 서 있다. 위용을 자랑하는 13층짜리 현대식 병동에 눌려서 납작하게 엎드려 있는 모습이 마치 시대착오자의 안타까운 몸짓 같아 서글픔을 안겨준다.

이제는 은성殷盛한 숲도 없어지고 그 사이사이로 아름답게 반원으로 굽이치던 길들도 없어지고 낯선 현대식 건물들만 여기저기 들어서 있다.

11월도 이미 하순에 접어들어 플라타너스의 잎들도 떨어지길 서두르는 것 같다. 내년 봄에 돋아날 새순들을 위해 아픔을 참고 낙하하는 잎새들에서 우주의 섭리에 순응하는 자연의 지혜를 본다. 시간은 보이지 않는 여울로 흐르며 모든 것을 조금씩 조금씩 앗아가고 있다.

시간이 주는 선물이라면, 날 찾아오는 것이 기쁨이든 슬픔이든 귀한 손님을 맞듯 맞이하련다. 흘러간 영광에 집착해서도, 옛 것을 고집스레 움켜만 잡아서도 안 되리라. 상처가 난 환부는 과감히 도려내야 되리. 매일매일 새살이 돋도록 다독거리고, 새벽이슬 같은 기도와 따뜻한 정성을 모으면 병소는 깨끗이 치유되고, 눈부신 하루하루, 은총의 나날이 되지 않으랴! 간절한 바람을 안고 바라보는 어머님의 얼굴에 조금씩 화색이 돌아오고 있다.

(1985)

화음和音

아침부터 잔뜩 흐린 하늘에서는 가는 빗줄기마저 내리고 있다. 일기예보에 따르면 오늘은 하루종일 비가 오리라고 한다.

날씨가 나쁘니 산소행山所行은 그만두고 집에서 추도예배나 보자고 어머님은 말씀하셨지만, 외숙모님은 농장에 불도 뜨뜻하게 지펴놓았으니 이 정도 비면 갈 수 있겠다고 설득하신다.

몇 차례 전화가 오고간 끝에 산소로 가기로 결정하고나서 길을 서둘렀다.

오늘은 남편의 외할머니 기일忌日이다. 해마다 제삿날이라기보다는 우리 집안 여인들에게는 봄나들이 행사 같은 날이다. 올해에는 어머님께서 도시락, 외숙모님은 김밥, 나는 삼색 샌드위치와 화전, 동서는 과일과 음료수 등을 준비했다.

어느 틈에 비는 그치고 하늘이 조금씩조금씩 밝아오기 시작한다. 고속도로 양편의 나무들은 한결 싱싱하게 푸르름을 내뿜고 있다. 서울을 벗어나자 날씨는 더욱 맑아져갔다. 길 양편에 무더기로 피어 있는 샛노란 개나리 덤불이 금관악기의 탁트인 음성으로 우리를 맞아준다. 먼 산에는 연두, 진초록, 연분홍 색깔들이 파스텔로 곱게 문지른 듯이 부드럽게 번져 있고 과수원에는 흰 눈송이를 단 듯 배꽃이 한창이다. 그 옆으로는 분홍빛 복사꽃무리도 보인다.

자동차가 달림에 따라 풍경이 바뀌면서 멀리 소나무 숲이 나타난다. 자연이 몇 번씩 그 색깔을 바꾸어도 의연히 늘 푸르게 서 있는 소나무. 그보다 더 멀리 하얀 자작나무 숲이 레이스처럼 산 밑동을 포근하게 감싸고 있다.

산야가 다 같이 봄의 교향곡을 연주하는 것 같다. 개나리가 트럼펫이라면 진분홍 진달래는 화려한 바이올린의 변주이다. 멀리 소나무 숲은 점잖은 콘트라베이스군群, 자작나무숲은 플루트나 오보에의 멜랑콜릭하고 모호한 울림이다. 배꽃과 복사꽃 무리는 농염한 첼로의 공명共鳴, 수양버들은 하프의 유연함이다. 잘 갈아진 밭에는 흰 모자를 쓴 참외가 줄지어 심어져 있어 피아노의 음계와도 같다. 모두 어울려서 아름다운 화음으로 봄을 연주한다. 어디선가 피콜로의 새소리도 들릴 듯하다.

짙은 봄의 향기에 취해 마음속 깊은 곳에서 이름 모를 유열이 솟아오른다.

우리들이 타고 가는 자동차에도 각각 다른 성격, 다른 이름의 여인들이 타고 있다. 마치 민들레 꽃씨가 바람에 날려 한곳에 모이듯, 다른 가정에서 자라 남자를 따라서 한 가족이 된 인연이 신비롭다.

때로는 오해에서, 더러는 견해 차이에서 불협화음을 이룬 적도 간간이 있었으나 20년이 되어가는 연륜은 정으로 서로 믿는 마음에서 웬만한 서운함은 마음에 자리를 잡기 전에 녹아 없어진다. 이제는 전화 목소리만으로도 서로의 건강과 기분을 알 수 있게끔 된 것이다.

언젠가 내가 아직 젊은 새댁이었을 적의 어느 이른 봄 딸애를 데리고 시댁에 놀러갔었다. 시누이도 있고 시어머님 친구분도 계신 자리였는데 무슨 얘기 끝에 어머님께서 아들에 대한 불만을 언짢은 표정으로 말씀하셨다. 나는 속으로

'그게 아닌데, 어머님께서 잘못 아시고 계시는데…….' 하고 생각하니 마음이 급해졌다. 가슴이 두근거리고 얼굴이 달아올랐다. 무언가를 말씀드린다고 한 순간 급하게 그만

"어머님 그게 아니에요. 아범은 이러고저러고……."

하며 큰소리를 지르고 '아차!'하는 순간, 이미 벼락이 떨어지고 있었다.

"네가 시집온 지 얼마나 되었다고, 시에미 앞에서 얼굴을 붉히고 언성을 높이느냐?" 이미 엎질러진 물, 변명의 여지가 없었다.

고개를 푹 숙이고 눈물만 뚝뚝 흘리고 있는데 어머님의 노

한 음성이 계속 들려왔다. 시누이는 자리를 피하고 어머님 친구분은 "애기엄마가 오늘 기분이 안 좋은 일이 있었나봐요." 하고 두둔해주셨다.

그때 두 돌을 갓 지난 딸애는 제 어미 편을 드는 듯 할머니를 향하여 제 딴엔 큰소리로 뭐라뭐라고 웅얼거리고 있었다.

각각의 목소리들이 불협화음을 이루며 내 머릿속을 윙윙 울리고 있었다. 저녁에 집에 돌아온 남편은 활짝 웃으면서 "어서 어머님께 사과드리러 갑시다." 하고 말했다. 용서를 구하는 우리에게 어머님은 금방 노여움을 푸셨다.

"어머님, 제일 좋은 아들이요, 며느리라고 생각하세요." 라는 남편의 말에, 어머님께서는 "네 말이 맞다. 나는 며느리라고 해서 딸과 차별한 적이 없다."
라고 말씀하셨다.

그 이후 한결같이 딸처럼, 때로는 맏며느리라고 철없는 나를 딸보다 더 중하게 생각해주시는 시어머님. 바깥에서 뵈오니 어머님의 모습은 더 수척하고 조그맣게 보이신다. 칠순을 바라보는 시어머님을 모시고 손아래 동서, 시누이들과 함께 평생 고운 화음을 이루며 살 수 있기를 바라본다.

(1986)

은하수를 아시나요?

그녀에게 지폐 한 장을 건네며 나는 종이돈 한 장이 그렇게 가벼운 줄을 처음 알았다. 이 가벼운 종이 한 장이 그녀가 감당하고 있을 슬픔과 외로움의 무게를 얼마나 덜어주겠는가 싶어 나는 내 손이 부끄러웠다.

"아줌마, 용기 잃지 말고 살아요. 살다보면 좋은 날도 올 테니까요."

이 말 또한 그녀에게 무슨 위안이 되겠는가 싶기도 했지만, 달리 무슨 말을 하겠는가. 그녀는 지난 몇 년 동안 온 식구들이 잠들어 있을 때 우리 집 문 앞에 우유를 가만히 놓고 갔다. 그녀가 집집마다 배달한 것은 어쩌면 신선한 아침의 빛이었는지도 모른다. 그러나 정작 그녀는 어둠 속을 헤매다 돌아온 걸 알게 되었다.

남편이 백혈병으로 세상을 떠났다는 슬픈 소식을 가지고…….

말수 적은 그녀와 나는 이야기를 나눈 기억은 별로 없으므로, 그녀가 잠실에 살고 아이가 셋이라는 정도만 알고 있었다. 그러나 항상 성실하게 일하는 그녀의 모습은 거울처럼 나로 하여금 내 안일한 생활을 비추어보도록 했었다. 화장기 없는 그녀의 얼굴은 더 수척해지고 눈두덩이도 푸석푸석 부어 있었다. 몸집이 자그마한 그녀는 날개를 접은 새처럼 더욱 애처로운 모습을 하고 있었다.

지금도 분명히 생각나지만 학창 시절에 읽은 어느 외국작가가 쓴 〈은하수를 아시나요?〉란 희곡이 있었다. 그것은 은하수로 가기 위해 우유배달부가 된 어느 청년의 이야기였다.

그는 실패와 좌절 끝에 정신요양원에까지 흘러오게 된다. 이 지구 위에서의 그의 삶은 어디서나 배반당하고 굴욕받는 신산辛酸한 것이었기에 그는 자신이 다른 별에서 왔다고 생각한다. 그의 소원은 그의 별이 있는 은하수로 가는 것이었다.

영어로 은하수를 'Milky Way'라고 하니, 우유배달 길이 그에게는 바로 은하수로 생각된 것이다. 그는 요양소 원장의 허가를 얻어 마침내 그 요양소에 우유배달을 하게 된다. 그는 말한다.

"은하수의 아침이란 언제나 창세기의 아침 같죠. 발밑으로 깔리는 안개, 떠오르는 태양! 등 뒤에서는 우유병이 달그락거리고…….”

그는 자기의 소원대로 은하수를 오고간 행복한 사람이었는지도 모른다.

은하수! ‘미리내’란 고운 이름을 가진 밤하늘에 흐르는 강. 셀 수 없이 많은 별들이 맑은 종소리 울리듯 빛과 빛으로 서로 교감하며 궤도를 돌고 있으리라. 그러나 은하수란 말을 우리는 요즘 거의 잊고 살고 있다. 밤하늘에서 은하수를 찾을 수 없게 된 지도 오래이다. 그러나 어린 시절 은하수를 바라볼 때 우리는 얼마나 가슴 설레며 동경과 꿈의 나래를 펼쳤던가? 은하수를 사이에 두고 헤어진 두 별의 전설은 우리를 애틋하게만 했다.

은하수란 어쩌면 잃어버린 우리의 유년, 그 순수한 시대에 싹트던 꿈과 사랑, 자유와 행복이 꽃피는 이상향인지도 모른다.

어둠 속을 흐르는 그 빛의 모임을 이제 우리는 마음의 눈으로 찾아야만 되리라. 우리들의 마음과 마음이 이어지고 정情이 강물처럼 흐를 때 우리는 그리운 은하수를 만나게 되지 않을까?

우리가 살아가면서 만나는 별처럼 많은 사람들, 그러나 우리는 그들을 대부분 잊으며 살고 있다. 어린 시절의 친구들, 옛 동네의 가겟집 아주머니, 또 “표”씨라는 성을 가졌던 여학교 때의 수위아저씨…….

며칠만 안 보면 궁금하던 사람도 세월이 흐르고 생활이 달라지면서 잊어버리고 살아간다. 더러는 가슴 설레던 만남도 있었던 것을. 그들과 함께 나누던 미소도 이야기도 기억 저편으로 묻혀버리고 말았다. 어쩌면 우리들의 삶은 만남과 헤어짐으로 짜이는지도 모른다.

먼 곳의 별들 중에 유난히 반짝이는 별들처럼 때때로 내가 절망에서 헤어나지 못할 때에 들리는 음성이 있다. '항상 감격 속에서 살자.'하던 옛 친구. '그놈 엉성해 보여도 끈기는 있어.'하시던 여학교 때의 담임선생님의 목소리도 들린다. 그들의 목소리는 종소리처럼 내 마음에 울려, 나를 다시 일으켜세운다.

나 또한 누군가에게 하나의 별이 되고 싶다. 나의 미소, 나의 말 한 마디가 그의 추억 속에 자리한다면, 그리하여 그에게 한 자락의 기쁨을 주었다면 나도 어둠을 스치는 한 줄기 빛살이 될 수 있을까.

그녀는 지금 이 시간에도 안개 낀 새벽길을 걸어 집집마다 우유를 배달하고 있으리라. 조그만 체구에 무거운 짐을 끌고……. 인고忍苦하고 희생하는 아름다운 삶을 만날 때는 나의 영혼도 맑게 울린다.

언젠가는 그녀도 나도 서로 잊게 되겠지만, 그녀도 나에게 별이 되어 울림이 된 것을 그녀는 알고 있을까?

(1987)

섬으로 가는 길

진도에서 어느 문학모임이 있다는 엽서를 받은 날부터 나는 남해바다의 섬들을 그리며 가슴을 설레기 시작했다.

진도, 완도, 홍도, 흑산도.

마치 하루 종일 입안에서 맴도는 노랫가락처럼 푸른 물결 위에 말없음표(…)로 떠있을 섬들을 되뇌어 보곤 했다.

내가 아직 한 발짝도 내디뎌 보지 못한 순결한 섬들. 어느 섬에선가는 육탈肉脫한 하얀 뼈가 하늘 아래 누워있는 초분草墳이 있다고도 했다. 그리고 진도에는 바다 한가운데로 길이 갈라져 걸어서 건너편 섬에까지 이를 수도 있다지 않는가.

섬은 나에게는 전설과 신비가 남아 있는 땅으로 새겨져 있다. 또한 내가 잃어버린 모든 것이 고스란히 남아 있을 것 같은 곳이기도 하다. 순수함과 동경憧憬, 이상理想 그리고 잃어버린 꿈까지도……. 그곳에 가면 혹시 흘러가 버린 세월도 되돌려받을 수 있지 않을까.

진도로 가는 길은 멀고도 멀었다. 버스 차창으로는 빗방울이 흐르다가 햇빛이 비치고, 푸른 산이 보이다가는 다시 넓은 들판이 보이고는 했다. 그리고는 바다가…….

그 섬에서 내가 제일 먼저 본 것은 흰 치자 꽃이었다. 그 잊지 못할 향기. 어린 시절 외갓집에서 처음 그 향기를 맡았을 때, 나는 이 세계가 꽃향기로 가득 찬 것이리라고 생각하지 않았던가. 그리고 무화과나무, 석류꽃, 덤불로 피어오르는 주황색 능소화. 나는 가슴을 두근거리며 무화과 나뭇잎을 꺾어 본다. 역시 옛날 그때처럼 뽀얀 수액이 흘러나온다. 마치 어머니의 젖 같은……. 이끼 낀 돌담을 따라가니 오래된 집이 있고, 마당 한 옆에 놓여 있는 돌확에는 연잎이 가득하다. 그 옆으로는 어둑한 헛간. 기억의 층계를 내려가면 바다에 이른다. 비췻빛 옥돌처럼 부서지던 뱃전의 물보라. 사십 년 전의 바다가 바로 거기에 있었다. 바다는 여전히 젊고, 나만 주름살 잡힌 얼굴로 섬들을 마주한다.

섬, 섬, 섬섬옥수로 빚은 것 같은…….

섬들은 조신하게 떠있다. 내가 도시에서 도시로 떠돌며 '허명虛名놀이'에 숨가쁜 세월을 보내는 동안에도 섬은 한결같이 제자리에 그렇게 있었으리라.

회동 바닷가에 서 본다. 바닷속으로 길이 난다는 곳. 얼마 전에도 물길이 열려 건너편에 있는 모도섬에까지 사람들은 걸어갔다고 한다. 바다 밑은 어떻게 생겼을까.

푸른 바닷물이 서서히 갈라지면서 물 밑에서 놀던 작지와 소라, 게들은 깜짝 놀라서 모래 위를 어기적거렸으리라.

전설에는 가족과 헤어지게 된 한 할머니가 용왕님께 기원하여 음력 3월초면 바닷길을 열어주겠다는 약속을 받아 소원을 이루었다고 한다. 그러나 지금은 여느 바다와 다름없이 파도만 철썩거리고 있다. 저 출렁거리는 물 밑에 섬으로 가는 길이 숨어 있다고 생각하니 내 가슴은 어쩔 수없이 울렁거리기 시작한다.

보이지 않는 곳에 숨어 있는 길. 그 길을 따라 가면 섬에 이른다. 또 하나의 '섬'으로……. 우리의 삶에도 보이지 않는 길이 숨어 있을까. 적막하고 숨 막히는 일상日常의 물 밑에도 어딘가에 '섬'으로 가는 길이 숨어 있다면……. 언젠가 나도 물 밑으로 해서 섬으로 가지 않았던가. 나는 어슴푸레한 내 기억의 실마리를 따라가 본다.

그렇다. 통영에 있는 바다 밑 터널. 일본 사람들이 만들어 놓았다는 그 굴은 너무나 오래 되어 군데군데 금이 가고 물이 새고 있었다. 그러나 그곳이 바다 밑이라는 것만으로도 어린 가슴을 두근거리게 하기에 충분했다. 외사촌들과 서로 이름을 부르면 메아리 되어 돌아오던 울림……. 외사촌의 자전거 뒤에 타고 굴 밖으로 나왔을 때의 그 눈부시던 햇살. 아쿠아마린의 바다에는 조그만 낙하산 같은 하얀 해파리들이 둥둥 떠다니고 있었다. 투명한 해파리를 건져 뚝 위에 올려놓으니 햇볕에 녹아서 말간 물이 되어버리는 것도 또 하나의 신비였다.

파도는 모든 것을 무너뜨리며 하나씩 썰어 나간다. 모래밭에 써놓은 이름도, 모래성城도 모두 휩쓸어 나간다. 도시에서 그토록 쌓아 올리려고 했던 모든 것이 도로徒勞였음을 파도를 보면서 비로소 깨닫는다. 시작도 없고 끝도 없이 반복하는 파도의 율동.

섬에서 나는 순수했던 유년의 기억과 아득한 신비의 바다를 만났다. 그리고 잃었던 생명의 내재율을 다시 찾았다.

구성진 육자배기 가락을 뒤로 하고 진도를 떠난 후, 내 가슴 속에는 푸른 섬 하나 떠있게 되었다.

(1992)

4부

내 고향 남쪽바다

사랑의 힘

집

동행同行

생일 선물

서연이

아버지가 짓는 집

걸음마

뉴질랜드의 인상

내 고향 남쪽바다

며칠 전 라디오에서 어떤 시인과의 대담을 들었다.

그는 이은상 선생이 〈가고파〉에서 노래한 마산에 꼭 가보고 싶어하다 얼마 전에 가보았다고 했다. 어땠느냐는 아나운서의 물음에는 나도 몰래 마음을 졸였다.

"역시 좋더군요." 라는 대답을 듣고서야 나는 마음을 놓았다.

나는 까마득히 잊고 있던 내 고향 마산을 떠올려보았다.

마산은 내가 태어나서 초등학교 6학년까지의 유년 시절을 보낸 조용한 항구도시이다. 마산을 두고 이은상 선생은 '내 고향 남쪽바다, 그 파란 물 눈에 보이네…'라고 노래했고, 이원수 선생은 '나의 살던 고향은 꽃피는 산골…'하며 〈고향의 봄〉을 지으셨다.

거울같이 잔잔한 바다 위에는 엎드린 짐승 모양을 한 돌섬

이 떠 있다. 그러나 십여 년 전 잠깐 스쳐 지나가보고는 아직 가보지를 못했다. 가끔 생각이 안 나는 건 아니다. 지난 십 년간 이 강산의 도시들이 변한 모습으로 미루어, 마산도 옛날과는 판이하게 달라졌을 모습이 두려운 것이다.

내가 태어나서 자란 집은 역에서 얼마 안 떨어진 큰 신작로가에 있었다. 넓은 마당에는 무화과나무와 감나무가 있고, 지하실이 있는 이층집이었다. 손가락처럼 생긴 무화과 잎사귀를 따면 뽀얀 액체가 스며나오고, 가을이면 잘 익은 열매를 한 소쿠리씩 따서 그 달면서도 아릿한 맛을 이웃과 나누곤 했다.

여름이면 비온 뒷날, 마당에 하얗게 깔린 조그만 왕관같이 생긴 감꽃으로 동생들과 목걸이를 만들어 목에 걸고 놀았다. 그 감꽃 목걸이는 짙은 추억 속으로 나를 끌어가고 언제나 그리움이란 낱말을 떠올리게 한다.

친척들이 올 때면 자주 역으로 마중을 나갔다. 아련한 기대 속에 기차를 기다리다가 마지막 한 사람까지도 안 나올 때의 허전했던 마음, 멀어져가는 기적소리에 쓸쓸함과 아쉬움을 느끼기도 했다. 가끔 잠자리에서 꿈결처럼 두런두런 말소리가 들리고, 그 소리가 밤차로 도착한 외삼촌과 어머니가 주고받는 얘기소리인 줄 알아차리고도 짐짓 자는 척했던 기억.

아침에 머리맡을 스쳐지나가는 어머니의 치맛자락에서 나던 매큼한 연기내음. 그러고는 이어서 들리는 도마소리에 나는 안심하고 다시 잠이 드는 것이었다.

몸이 아파 결석할 때면 창호지로 들어오는 햇살을 보며 지금쯤은 무슨 시간일까 생각하고는, 오후가 되면 문병 올 친구들이 기다려지곤 했다. 언젠가 환경정리를 하느라고 학교에 남아 있을 때, 저녁 무렵의 학교는 또 얼마나 외로운 모습을 하고 있었는지…….

긴 그림자를 드리운 교사와 텅 빈 운동장을 떠날 때에는 무언지 미진한 마음에 뒤돌아보며 떨어지지 않는 발걸음을 옮겨놓곤 했다.

내가 좋아하던, 천사만 같던 담임선생님이 시집을 가서 시어머니를 푸대접한다는 소문을 들었을 때에는 배반당한 느낌이었다. 나는 그 소문이 헛소문일 거라고 혼자서 다짐했었다.

그때는 거지도, 미친 사람도 많았다. '좀줘'라는 미친 여자가 있었다. 비가 부슬부슬 오는 날이면 시장어귀에 돌아다니면서 만나는 사람마다 붙들고 '좀줘, 좀줘'하며 두 손을 내미는 것이었다. 아침에 학교에 갈 때면 '좀줘'를 만날까봐 무서웠다. 그러나 언젠가부터 '좀줘'가 보이지 않게 되자, 왠지 학교 가는 길이 허전하고 시장어귀에 오면 혹시 그녀가 있나 없나 둘러보곤 하였다.

수세미 같은 머리며, 두툼한 입술로 무언가를 질겅질겅 씹고 있던 그 모습이 지금 봐도 알아볼 정도로 머릿속에 뚜렷이 새겨져 있음은 무슨 까닭일까? 무엇이 그녀로 하여금 미치지 않을 수 없게 했을까? 전쟁통에 아이를 잃었을까? 남편과 헤어졌을까? 그녀도 그 누군가에게는 정말 소중한 사람이었으리라.

어릴 때를 회상하자면 외할머니에 대한 그리운 추억을 빼놓을 수 없다. 겨울에 학교에서 돌아와서, 책가방을 내던지고 부엌 옆 온돌방 이불 밑에 발을 묻으면 온몸이 나른하게 풀린다. 그때 외할머니는, "오늘도 제법 춥지?" 하시며 놋합에 담아 아랫목에 묻어두셨던 점심밥을 차려주시곤 했다. 그 밥에서 나던 알싸한 놋그릇 냄새와 뚜껑을 열면 김이 서려 눈물처럼 주르륵 흘러내리던 밥물의 맛과 온도를, 나는 잊지 못한다. 외할머니는 항상 바늘을 드시고 무언가 만들고 계셨다.

헝겊조각을 이어 조각보를 만드시고, 버선볼을 대시고, 이불을 꿰매시고……. 아침에 눈을 뜨면 어스름한 빛 속에서 하얀 머리의 외할머니가 돌아앉아서 뭔가를 중얼중얼 외고 계신다.

무슨 바람이 그렇게 많으셨을까? 그 노년의 적막과 고독을 이 나이에 와서야 조금쯤은 알 것 같다. 지금은 하얀 촉루가 되어 어느 하늘에서 우리 자손들을 위해 빌고 계실지…….

정오가 되면 '애-앵'하고 사이렌이 불고 그 뒤에는 온 도시가 잠든 듯 짧은 정적이 오곤 했다.

저녁을 먹은 후, 엄마 아빠랑 부둣가에 산책을 가기도 하고, 동생들이 잠든 후에는 영화관에 따라가는 것도 즐거움 중의 하나였다. 그때 본 〈파도〉니 〈분홍신〉, 〈미녀와 야수〉 등은 전설처럼 내 기억의 스크린에 희미하게 박혀 있는 것이다.

그때는 정전도 자주 되어서, 남폿불을 켜곤 했다. 손잡이를 돌리면 불꽃이 커지는 남폿불이 재미있었다. 선이 언니 옆에 붙어 앉아 군불을 때던 일. 장작개비가 '탁탁' 소리를 내면서 활활 타오르던 불꽃. 불이 붙을 때는 앞무릎이 따갑다가도 불이 꺼지면 금방 서늘해진다. 거제도에서 온, 말을 더듬는 선이 언니는 신둘러간(재혼해간) 어머니를 원망하며 훌쩍이곤 했다. 빨갛게 타오르던 불꽃과 스러지는 재를 보며 그때부터 인생의 이면을 조금씩 배웠는지도 모른다.

어릴 때에 본 불은 모두 아름다웠다. 일생을 살아가면서 어린 시절의 추억만큼 아름다운 보물이 또 어디 있으랴. 언제쯤이라고 기약할 수는 없지만 홀연히 내 고향 마산을 찾아가봐야겠다.

내 고향 마산, 그곳에 가서 옛날에 사금파리를 줍듯이, 또 네잎클로버를 찾던 마음으로 내 어린 날의 흔적을 찾아 발이 아프도록 걸어다니고 싶다.

(1986)

사랑의 힘

우리가 남편의 연구를 위해 일 년 동안 미국의 캘리포니아주에 가서 살게 되었다고 하니, Y아주머니는 나에게 그곳에 가거든 꼭 자기 아들을 한 번 만나달라고 하였다.

그녀는 나의 어머니의 어릴 때 친구이다. 그들은 같은 여학교를 졸업하고 지금까지 오십 년이 넘게 우정을 이어오고 있으나, 두 분의 인생길은 너무도 달랐다.

나의 어머니는 여러 자식들과 가까이 살면서 아버지와도 해로하는 복을 누리고 있지만, 그 아주머니는 일생을 혼자 살면서 지금도 보험 외판원으로 매일매일 수십 리를 오가면서 산다. 매달 보험 수금을 위해 우리집을 방문한 지도 수십 년이 넘지만, 항상 변함없이 우리 가정을 위해 기도해 주시고, 그리고 용건이 끝나면 바로 일어나신다. 가끔 차를 들거나 식사를 같이 할 때가 있지만, 그건 내가 간절히 요청했을 때다. 조그만 몸집에 여학생같이 단발머리를 하고 항상 미소를 띄우고 있는 그녀에게서는 그렇게 고생한 흔적이 느껴지지 않는다.

그러나 그녀의 일생을 보면 여자의 운명과 어머니로서의 모성의 강인함을 다시 한번 생각하게 된다. 그녀는 여학교를 졸업한 후 한국전쟁 당시에 어느 외국기관에 타이피스트로 취직을 했었다고 한다. 그곳에서 어느 영국 선교사를 만나 결혼을 하였다. 다음 해에 아들을 낳고, 영국에 가서 시부모도 방문하고 행복했으나, 아들이 다섯 살 나던 해에 남편이 병을 얻어 세상을 떠나게 된다. 그 이후 아들 하나 키우면서 살아간다. 그러나 외모가 서양인과 같은 아들을 그 시대에 여자 혼자서 키운다는 게 얼마나 힘든 일인지는 그 누구도 상상할 수 있을 것이다. 학교에서 놀림받거나, 주위의 따가운 시선은 견딘다고 하더라도 아들의 장래를 생각하지 않을 수 없었다. 혼혈아가 제대로 자라기에는 한국 사회는 그 편견의 벽이 너무도 두터웠다. 아들이 중학교 이학년이 되었을 때, 그녀는 고민 끝에 미국에 있는 어느 변호사 가정에 입양시키기로 결정한다. 아이가 없는 그 미국 가정에서는 대를 이을 아들을 원했고, 그 가정과 친분이 있는 어느 교수님의 권고로 그녀는 어려운 결정을 내린 것이다.

아들을 보낸 후 삼십 년이 넘도록 그녀는 오로지 아들을 위해 기도하면서 일생을 살고 있다.

그녀는 적은 수입으로 틈이 날 때마다 고아원이나 양로원을 찾아 어려운 처지의 사람들을 돕고 있다. 열 평 남짓한 조그만 아파트에 살면서 마포에 있는 선교사 묘지의 남편 무덤을 찾는 게 낙이라고 한다. 그 아들은 잘 자라서 법대를 나오고, 지금은 훌륭한 변호사가 되었다.

나는 미국에 도착한 며칠 후 R씨에게 전화를 했다. 그는 가족들을 데리고 우리 집을 방문하겠다고 했다. 그날 저녁 나는 잠을 못 이루었다. 아주머니로부터 오래 전부터 이야기를 들어온 그를 실제로 만난다고 생각하니 가슴이 설레었다. 열다섯이란 어린 나이에 머나먼 외국 땅에서 새 가정의 가족으로 적응하기까지 얼마나 어려운 시간을 많이 보냈겠는가. 그는 어떤 운명으로 영국인 아버지와 한국인 어머니 사이에 태어났으며 다시 미국인 양부모 밑에서 자라게 되었을까? 이제는 어엿한 가장으로서 행복한 가정을 이끌고 있으니, 이제 아주머니도 여한이 없으리라.

그는 푸른 눈의 부인과 초등학교에 다니는 두 아들과 함께 우리 집에 왔다. 그는 건장한 체격을 한 미국인이었다. 그러나 얼굴에는 동양적인 인상이 섞여 있었다. 그는 한국말을 하는 것은 잊어버렸으나 아직 이해는 할 수 있다고 한다. 그리고 한국 음식 맛을 못잊어 요새도 김치와 김밥 등을 사다 먹는다고 한다. 그는 중학교 때 배운 한자도 기억하고, 어렸을 때 살던 동네 이야기를 즐겁게 하곤 했다. 그는 몇 년 전에 처음 한국에 나가서 어머니를 만난 이야기를 하면서 어머니가 그 나이에도 일을 해야 하는 것을 가슴 아파했다.

오래 전 나는 아주머니가 아들을 멀리 보낸 것을 이해 못한 적이 있었다. 그들이 돌아간 후 난 아주머니의 결정이 옳았다는 것을 다시 한 번 깨달았다. 그때의 어려운 결정은 바로 아주머니의 희생으로 이루어졌고, 그것은 어머니의 사랑의 힘으로 가능했다는 것을…….

사랑은 때때로 아픔과 괴로움을 동반하지만, 상대방을 위해서 자신을 희생할 때 고귀한 열매를 얻는다는 평범한 진리를 다시 한 번 떠올렸다.

오월이 시작되면서 이곳에도 어머니 날 행사로 바쁘다. 백화점에서는 어머니 날 선물을 위한 세일을 시작하고, 방송국들은 특집 영화를 보내고 있다. 토크 쇼마다 어머니와 자녀들을 초청하여 미국 가정의 많은 문제들을 진단하고 있다. 청소년들의 마약 복용과 혼전 임신 등 많은 문제들이 부모와의 대화의 부족과 애정 결핍에서 옴을 그들 모두 인정하고 있다. 어머니와 자식이란, 한때 탯줄로 이어졌던 어쩔 수 없는 운명적 관계, 한없이 아름답고 또한 한없이 슬픈 인연의 업業인지도 모른다.

나는 천진난만한 R씨의 두 아들을 떠올리며 그들의 핏줄에도 흐르고 있을 한 조그맣고 단아한 동양 여성의 용기와 사랑에 감격하고 있다.

(1996)

집

금년 봄에 16년 동안 살던 아파트를 떠나 새로 지은 빌라트로 이사를 했다. 빌라트라는 말이 외국에도 있는지는 모르나, 아마 빌라와 아파트의 합성어인 것 같다. 3층까지는 사무실이 들어서고, 그 위부터는 아파트인 복합형의 주거 형태이다. 17층인 우리 집에서 내려다보면 땅 위의 광경이 아슬아슬하게 멀리 보인다.

아이들이 다 자라고 나면 교외에 자그만 집을 짓고 정원을 가꾸면서 살고 싶다는 생각을 막연하게 했었는데, 다시 도심의 한가운데로 옮겨 앉게 된 것이다.

견본 주택을 보러갔을 때 "이 방은 내 방, 저 방은 네 방."하며 새 집으로 이사 간다고 즐거워하던 두 딸은 집도 다 짓기 전에 훌쩍 시집들을 가고 막내인 아들도 군대에 가버렸으니,

우리 부부와 세간들만 이사를 하게 되었다.

욕심이 많은 사람은 고생도 많다고 하던가. '간소하게 살아야지.'하며 마음으로는 수없이 다짐하면서도 손때 묻고 추억이 담겨 있는 살림살이들을 버리지 못하고 이것저것 다 끌고 오고 보니, 짐 정리하는 일이 여간 힘든 게 아니었다. 그러나 새 집을 꾸민다는 즐거움에 피곤한 줄도 모르고 오늘은 가구를 이렇게 놓았다가 다음 날은 저렇게 옮기고, 안방에 두었던 탁자를 거실로 거실의 의자를 다시 서재로 옮기곤 했다.

가구들은 저마다 자기가 놓일 자리를 알고 있다. 놓는 위치나 각도에 따라 가구들의 표정이 다 달라지기 때문에 제일 적합한 자리를 찾아주어야 한다. 나에게는 친정어머님이 주신 먹감나무 이층장이 있는데, 그를 방에 놓았더니 답답해하는 것 같았다. 그래서 거실 한 옆으로 옮겨 주었더니 아주 편안하고 만족해 보였다.

작년 일 년 동안은 미국에 머물면서 방이 하나뿐인 조그만 아파트에서 살았다. 도착해서 처음 며칠은 그릇이나 식탁도 없어서 신문지를 깔고 밥을 먹었다. 아무것도 걸리지 않은 흰 벽과 가구가 없는 텅 빈 공간은 내 마음에도 고요한 빈 뜰을 갖게 하는 것 같았다. 우리는 최소한의 가구만으로 일 년을 지냈다. 그래도 별 불편을 몰랐고 소풍이라도 온 듯 즐겁고 자유스럽게 보냈다.

이제 새 집으로 이사 온 지도 3개월이 지나고 있다. 짐도 거의 정리되고 새 동네에도 익숙해져 간다. 그런데 요즈음 나는 이 집에서 내가 차지하는 공간이 미국의 그 조그만 아파트에서 살 때와 별 차이가 없는 것을 발견했다. 방이 여러 개이지만 내가 주로 쓰는 방은 침실과 부엌 그리고 거실의 일부일 뿐이다. 내가 움직이는 동선動線도 침실에서 부엌으로, 부엌에서 거실로 예나 지금이나 달라진 게 별로 없다. 달라진 거라면 나의 가구들이 넓은 공간을 얻어 제자리들을 잡고 앉은 거라고 하겠다. 그래서 우리 집에 놀러온 사람들이 가구들이 더 좋아 보인다고 말한다. 유감스럽게도 훌륭해 보이는 것이 남편이나 내가 아니고, 가구들이 훌륭해 보인다는 것이다. 그러나 섭섭하지는 않다. 그들은 오랫동안 나와 정情이 든 어릴 때 친구같기 때문이다.

결국 이사를 하면서 내가 한 모든 수고는 가구들을 빛나게 하기 위해서였던 셈이다. 이제 짐 정리도 끝나고 보니 갑자기 나는 할 일 없는 사람처럼 되어버렸다.

지난 몇 달 동안 눈만 뜨면 머릿속에 그림을 그리면서 가슴 설레던 기대감도 즐거움도 이제 시들해져 간다. 이제 더 이상 새로운 것은 없다. 반짝거리던 가스레인지도 그을음이 앉기 시작하고, 벽 여기저기에도 손자국이 눈에 띈다.

우리에게 좋은 거처를 주심을 감사하던 기도 말도 언젠가부터 슬그머니 사라졌다.

새 집과의 밀월은 끝나가는 것일까.

현관문을 열면, 후각을 스치던 새 집 냄새 – 칠 냄새, 나무 냄새가 섞인 – 도 옅어지고 생활의 냄새라고 할 음식 냄새, 식구들의 체취가 스며든다.

이제는 서로가 길들여져 가는 단계가 아닐까. 가슴 설레던 '낯섬'의 관계에서 서로 때를 묻혀 가는 정情과 편안함의 관계로.

집은 날이 갈수록 포근한 솜이불처럼 우리 식구들을 바깥바람으로부터 막아줄 것이다. 나는 이 집이 30년 동안 동행해 온 남편과 행복한 나의 가구들과 함께 오래오래 내 삶의 오후를 따뜻하고 평화롭게 지켜주기를 바라고 있다.

(1997)

동행同行

"언니, 저기 저 티셔츠 멋있지? 하나씩 사 입을까?"

"글쎄……."

"얘, 저쪽에 있는 니트가 좋아 보인다. 그렇지?"

"글쎄……."

양손에 쇼핑백을 든 채 동생과 나는 이제 더 이상 옷을 살 기운도 없고 지갑에 돈도 얼마 없으므로 망설이다 그냥 가게를 나선다. 한 집에 세 아이씩, 여섯 아이의 청바지며 티셔츠를 한 보퉁이씩 나누어 들고 기진하여 차에 오른다. 차창으로 들어오는 초여름의 바람이 이마에 솟은 땀을 서늘하게 식혀준다. 값싸고 예쁜 옷을 아이들에게 입혀볼 기대를 안고 집에 돌아가는 마음은 마냥 뿌듯하다.

동생은 미국에서 결혼하고 10년이 넘게 그곳에서 살다가 작년에 귀국했다. 모양만 내고 책만 읽으며 살 것 같던 동생이 세 아이의 엄마가 된 후 만나보니 알뜰한 살림꾼이 되어 있었다. 슈퍼마켓에서 물건을 살 때에도 일일이 값을 비교해보고 내가 물건을 고르는 것까지 도와준다. 옷을 살 때에는 하나하나 박음질도 살펴보고 치수도 재보고 꼼꼼하게 고르는 모습을 보며, 옛날에는 미처 몰랐던 그녀의 일면에 내심 놀란다.

첫아이들이 대개 그렇듯이 어릴 적부터 다소 이기적이고 고집이 셌던 나에 비해서 동생은 너그럽고 인정이 많았다. 조금 슬픈 얘기를 들으면 그 큰 눈에 금방 눈물이 가득 고이곤 했었다.

어릴 적에 둘이 싸우다가 어머니가 매를 들고 나오면 동생은,

"엄마, 잘못했어요. 다시는 안 그럴게요."

하고 도망쳐버리는데, 나는 그 자리에 꼿꼿이 앉아 때리는 대로 매를 맞고 있어 때리시는 어머니의 화를 더 돋우었다고 한다.

처녀 적에는 밤이 늦도록 음악을 듣고 얘기를 하느라고 아침에 늦잠을 자서 어머니를 안타깝게 했던 우리 자매, 그 시절 영화 속의 앤소니 퍼킨스는 우리 공동의 연인이었다.

언젠가 미국에서 다니러 나왔을 때 맨 먼저 한 말이,

"언니, 앤소니 퍼킨스가 결혼을 했는데, 요새는 너무 말랐고 주름살투성이야." 해서 둘이 마주보고 한참 동안 웃었다.

그녀는 결혼한 지 1년도 못 되어 남편이 대수술을 받는 시련을 겪어야 했다. 그녀가 받았을 고통과 그녀가 남편을 잃을지도 모른다는 두려움에 나는 몇 달을 눈물로 지냈었다.

다행히 수술은 성공하고 병도 완쾌되었다. 세월이 흐르면서 식구도 늘고 건강하게 열심히 살고 있다는 소식에 보고 싶은 마음을 달래곤 했다. 그런데 뜻밖에도 작년에 그들이 귀국을 결정했을 때에는 정말 꿈만 같았다.

그 후, 그녀와의 동행은 내 생활의 가장 큰 즐거움 중의 하나가 되었다. 시장에도 같이 가고 백화점의 바겐세일도 찾아간다. 때때로 어떤 갈증을 느낄 때에는 전시회장을 찾고, 서점에 같이 가 한아름씩 책을 사 안고 나온다. 외국에서 오래 살았으면서도 우리의 문학과 예술에 대한 사랑을 그대로 간직한 동생이 때로는 흐뭇하다.

미국에서 자란 그의 아이들이 우리 애들보다 더 순진하고 아이다운 점이 더 많을 때도 있다. 또 그녀가 나보다 더 성숙하고 여유 있는 마음으로 세상을 산다고 느껴질 때가 있다. 그럴 때면 10여 년 동안 기를 쓰고 남이 뛰는 속도에 따라가려고 애쓴 내 모습이 그녀의 눈에 어떻게 비치고 있을까 염려스럽기도 하다.

자매는 며칠만 못 봐도 궁금하게 마련인가 보다. 며칠 전에는 친정집에 이모님이 놀러오셨다. 어머님이 보고 싶으면 이모님은 서울의 서쪽 끝에서 한 시간도 넘게 버스를 타고 오신다.

비교적 평탄한 생을 보낸 어머님과는 달리 이모님은 젊어서 혼자되어 많은 고생을 겪으셨다.

내가 어렸을 때 어느 무더운 여름날, 이모부가 병으로 세상

을 떠나게 되었을 때 어머님은,

"우리 성아, 불쌍해서 어찌 볼꼬! 불쌍해서 어찌 볼꼬!"
하며 방바닥을 두드리시며 통곡하셨다. 불행한 혈육은 어머님께는 언제나 가슴 아픈 존재였다. 그러나 지금은 그 옛날의 슬픔도 곰삭아 스러지고, 두 분은 서로서로 의지하고 위로하며 황혼기를 보내고 있다. 작년에는 노년에 이른 두 자매가 고향엘 다녀오셨다. 어렸을 때 자란 집이랑 동네 냇가를 찾아봤다면서 소녀들처럼 즐거워하셨다.

어머님과 이모님의 이러한 모습에서 나는 2, 30년 후의 동생과 나의 모습을 본다. 때때로 나는 살림살이에만 전념하는 동생이 안타까울 때가 있다. 그녀가 학창 시절의 꿈을 살려 매일 외국어를 공부하고, 여류로서 이름을 드날리는 모습을 공상하는 자신을 발견한다.

그러다가 순간 나는 흠칫 놀라 혹시 내 생각을 누가 엿보지나 않았을까 도리질한다. 나의 이 부질없는 바람이 행여나 시련을 딛고 차곡차곡 쌓아가는 그녀의 행복의 탑에 금이라도 가게 될까봐 두려운 것이다. 가족의 건강과 사랑만이 그녀의 행복의 첫째 조건임을 너무도 잘 알기 때문에…….

날씨가 더워지기 전에 그녀와 동행하여 가보고 싶은 곳이 꼭 한 군데 있다. 언젠가 그녀가, "언니, 대학자리가 공원이 되었다고? 한 번 가보고 싶어!"
하고 말했었다. 그때의 꿈꾸는 듯했던 그녀의 눈빛을 난 잊지 않고 있다.

그곳에 가면, 한 줌의 모래처럼 손가락 사이를 빠져나간 이십여 년의 시간을 찾을 수 있을지?

중년에 이른 우리 자매는 청춘의 꿈만큼이나 푸르고 당당한 마로니에 그늘에 앉아보리라. 그리고 지금은 찾을 수 없는 것이 담쟁이덩굴 뒤덮인 벽돌 강의실뿐만이 아닌 것을 아쉬워하리라.

(1985)

생일 선물

남편으로부터 생일 선물을 받은 게 언제였던가? 내가 첫 아기를 낳은 후 어머니날에 그는 내게 어머니가 된 것을 축하한다면서 좁쌀만 한 자수정이 조르르 박힌 실반지를 사준 적이 있었다. 그 후에 가끔 외국 여행을 갔다 오면서 스카프나 장갑 같은 소품들을 사다 준 것은 기억한다. 그러나 최근에는 생일 선물을 받은 기억이 없다. 오래 전에는 생일에 외출하여 새 구두 한 켤레씩 같이 사 신고 온 적도 더러 있었건만…….

남편과 나는 생일이 같은 날이다. 그가 세 돌이 된 날에 내가 태어났다는 이야기다. 해마다 그 날이 가까워오면 혹시 여행이나 무슨 특별한 계획이 없을까 하고 은근히 기대해 보지만 역시 그냥 그렇게 지내고 만다. 생일 선물을 하지 않는 데 대한 그의 변명은 간단하다. 꽃을 사려니 낯간지럽고, 싼 물건을 사자니 너무 장난 같다는 것이다. 우아한 선물을 사고 싶지만, 주머니 사정이 허락하지 않는다고 한다. 자신의 생일을 내세우지 않는 동양적인 미덕 때문에 내 생일까지 무관심한 척하게 된 것이 아닐까 하고 나는 너그럽게 이해하기로 한다. 만약 내 생일이 다른 날이라면 그도 깜짝 놀랄 만한 선물을 준비할 것이라고 믿고 싶다.

생일이란 우리가 이 땅에 존재하게 된 것을 축하하는 날이 아닌가 생각해보면 대단한 축일이라 할 수 있다. 생명을 가지고 이 세상에 태어난 것은 큰 축복이며 경이이다. 더구나 우연하게도 같은 날을 생일로 갖게 되었으니 특별한 의미를 부여할 수도 있으리라. 그와 내가 태어남으로써 우리 아이들도 존재하게 되었고, 손자, 손녀들도 태어났으니, 그 날은 새로운 가계를 이룬 기원이 된 날이다. 말하자면 미니 씨족사회의 개천절이라고나 할까? 팡파르를 울릴 만한 날인 것이다.

올해로 서른 세 번째 공동 생일을 맞았다. 다른 해처럼 아이들과 함께 외식을 하고 생일 케이크를 잘랐다. 몇 년 전만 해도 어른이 다 된 아이들과 생일 축하 노래를 부르자니 싱거웠는데 이제 손자들과 같이 촛불을 켜고 노래를 부르니 더 즐겁고 잔치 기분이 난다. 꼬마들은 촛불을 계속 불면서 박수를 치고 좋아한다.

젊었을 때는 자주 다투었지만 지금까지 비교적 안정되고 평온한 결혼생활을 해 온 것은 같은 생일을 갖고 있다는데 대한 운명론적인 낙관주의가 우리 두 사람에게 무의식적으로 깔려 있는 덕분이 아닐까 하는 생각도 든다. 나이가 들어갈수록 나의 생각하는 방식이나 세상에 대한 의견이 그와 닮아가는 것 같다.

어떤 결혼식에서 목사님이 주례 말씀을 하시는데, "신부는 신랑을 변화시키겠다고 바가지 긁지 말아요. 이때까지 성공한 사람은 한 사람도 없어요. 남편은 변하지 않으니까 있는 그대로 받아들여요."하신다. 참으로 맞는 말씀이다. 남편은 변하지 않는다. 그의 원칙은 변하지 않았는데 나의 고집은 변하고 말았다. 그를 내 식에 맞게 변화시키려는 노력이 헛된 것임을 알게 된 것이다. 세월이라는 현자賢者가 그것을 가르쳐 주었다.

지나고 보니 결혼이라는 항해를 주도한 사람은 남편이었다. 키를 잡은 사람은 선장인데, 조수가 옆에서 이리로 저리로 가자한들 무슨 소용이 있겠는가.

시시각각으로 마음이 변하는 불가사의한 심연深淵을 가진 인간에 있어서 결혼이란 인간을 훈련시키고 인생을 성숙시키는 좋은 제도라는 생각이 든다. 사랑이 없으면 살 수가 없겠지만 사랑만으로 결혼 생활의 모든 문제가 해결되는 것은 아닐 것이다.

가정이란 소우주와도 같은 것이 아닐까? 우주에서와 같이 가정에서도 별들이 서로의 궤도를 벗어나지 않으면서 균형과 질서를 유지해야 한다. 두 별들 사이에 생성된 위성들과도 균

형과 조화를 이루고, 별들 사이에 맑은 바람이 불고 음악 소리가 들린다면, 그렇게 가정은 존속되는 것이리라.

부부는 얼마나 서로에 대해 잘 알고 있을까? 나는 그를 잘 안다고 생각하지만 내가 모르는 부분도 있을 것이다. 최근에 나는 그의 모르던 면을 처음으로 발견하였다. 딸아이의 출산을 도우러 미국에 한 달 가량 있다 돌아와 보니 그가 의외로 집안 살림을 잘하고 있는 것에 놀랐다. 화초는 내가 있을 때보다도 더 싱싱했고, 내가 미루었던 집수리도 그가 사람을 시켜서 다 해 놓았다. 삼십 년이 넘도록 몰랐던 그의 일부분이다.

그는 나를 얼마나 알고 있을까? 맑은 하늘에 구름이 스쳐가듯 순간적으로 나에게 엄습해 오는 앞날에 대한 막연한 두려움을 그는 알고 있을는지. 요즈음은 길거리나 지하철에서 노인들을 자세히 살펴보는 새로운 버릇이 생겼다. 노인들의 나이를 추측해보고 십 년 후의 나의 모습을 그려보는 것이다. 젊은 날에는 동경과 희망에 차서 미래를 꿈꾸었지만 지금은 서글픔과 비애를 가지고 앞날을 예측한다.

늙어가는 것의 특징의 하나는 동경을 잃어가는 것이다. 젊어서 가슴 설레던 것들, 먼 나라의 낯선 풍물들, 예술에의 몰입, 문명文名을 날리고 싶은 마음……. 이런 것들이 지금의 나에게는 별 의미가 없는 흘러가버린 환상일 뿐이다. 호랑이 대신 고양이를 그리는 소시민의 자화상에 만족하며 매일 매일의 일상에 감사한다. 그리고 지난날의 행복했던 추억보다는 어려운 시기를 함께 나누었던 기억이 더 소중하게 여겨진다.

이 세상 한 구석에서 조용히 살다가 살별이 사라지듯 가뭇없이 사라지는 것, 그것이 죽음에 대한 그와 나의 바람이다. 광활한 우주 공간에서 한 찰나를 같이 보내고 다시 영원의 시간 속에 파묻히게 될 날이 오리라.

이 세상에 온 날은 삼 년 차이로 같은 날에 왔지만 갈 날은 하느님만이 아신다. 그가 먼저 떠날지 내가 먼저 떠날지, 그리고 언제 어떻게 떠날지도 모른다.

그 날이 올 때까지 그와 함께 보내는 하루하루가 나에게는 귀한 생일 선물이 될 것이다.

(1999)

서연이

서연瑞娟이가 태어났다. 나에게도 외손녀가 태어났다.

작년 가을 단풍이 한창 아름다울 때였다. 아침에 잠이 깨어 일어나려 하는데 전화벨이 울렸다. 분당에 사는 맏사위였다. 딸이 새벽부터 진통이 와서 지금 병원에 가려 한다는 것이다. 울렁거리는 가슴으로 빨리 준비를 하고 남편과 집을 막 나서려는데 다시 전화가 왔다. 딸이 아기를 낳았다는 것이다. 첫 전화 받고 20분가량 지났을 뿐인데 이게 웬일인가. 부랴부랴 사위가 외과의로 근무하는 S병원으로 달려갔다. 사위 말을 들어보니, 병원에 도착하여 산부인과에 들어가자마자 바로 아기를 낳았다는 것이다. 병원에 도착하여 딸을 올려 보낸 후 자동차를 주차장에 세우고 산부인과에 올라가 보니 아기가 벌써 나와 있었다는 것이다. 둘째 아기라 첫 아기만큼 진통이 오래 걸리지는 않는다 하지만, 조금만 늦었으면 어떻게 할 뻔했나 싶어 가슴이 조였다. 산모와 아기가 모두 건강하니 안심하고 웃음으로 축하해 주었다. 딸애 얼굴은 갸름하고 사위 얼굴은 네모인데, 아기는 제 아빠 얼굴을 꼭 닮았다. 간호사들이 아기를 보고는 "이 선생님 아기가 국화빵이네요."하고 웃으며 지나간다.

신생아실은 젊은 부모들이 제 아이들을 보고 신기해하는 모습도 보인다. 처음으로 아빠가 된 청년의 어색한 웃음도 보기 좋다. 이 세상이 너무 눈부신지 아기들은 눈을 제대로 못 뜨고 잠에 취한 듯 잠만 잔다. 새 생명들이 태어난 방이라 축제라도 벌이는 듯 환희와 경이의 감탄사들이 나지막하게 들린다.

서연이가 태어나면서 하나의 새로운 세계가 태어났다.

아가가 보는 이 세상이 사랑과 기쁨이 넘쳐나는 세상이기를……. 아가가 듣는 모든 소리가 평화와 행복이 가득한 소리이기를…….

첫아이가 아들이라 이번에는 딸을 원했기에 딸 내외는 무척 기뻐한다. 아들, 딸 고루 갖추었으니 이제 내 딸이 더 이상 출산의 고통을 더 안 겪어도 되겠다 싶어, 숙제를 다 끝낸 초등학생처럼 내 마음은 홀가분한 심정이었다.

30년 전, 첫 딸을 나는 남편이 유학 생활을 할 때 미국에서 낳았다. 새벽에 진통이 시작되어 병원에 가려고 남편은 택시를 잡느라고 이리 뛰고 저리 뛰고, 오랜 진통 끝에 아기를 낳고 첫 대면했을 때의 그 충격과 감격을 어떻게 잊을 수 있을까?

지금 생각하면 외국에서 서투른 엄마 노릇하면서 시행착오도 많이 하였다. 그 딸이 제 딸을 낳은 것이다.

아기는 서연이라는 예쁜 이름을 가지게 되었다. 순해서 잘 먹고 잘 자니 더 예쁘다. 요즘은 혼자 앉아서도 놀고, 잇몸에는 진주 같은 이빨이 두 개 뾰조롬히 올라온다. 주말에만 주로 만나니, 처음에는 할머니 얼굴도 호기심 어린 눈동자로 빤히 쳐다볼 뿐이다. 조금 지나면 '아! 외할머니였지!' 싶은지 웃으면서 나에게 안겨 온다.

나의 영혼을 맑게 순화시키는 작은 존재들은 꽃, 새, 작은 물고기들, 유월의 나무…. 그 중에도 제일 먼저불릴 이름은 분당 공주 서연이.

(1999)

아버지가 짓는 집

아버지는 평생에 세 채의 집을 지으셨다.

내가 초등학교에 다닐 때 마산의 언덕 동네에 지은 집은 안방과 건넌방 외에 뒷방도 있었는데, 뒷방은 방바닥에 전기 코일을 깔아 난방을 해결한 실험적인 방이었다.

연구심이 많았던 아버지는 그 당시로서는 획기적인 시도를 하신 셈이었다. 그리고 마루가 깔린 조그만 응접실도 만드셨다.

아버지는 집짓기를 좋아하셨다. 틈만 나면 종이에 네모를 그리고 그 옆에 다른 네모를 덧붙이며 평면도를 그리곤 하셨다. 내 방은 어디에 있어요? 하면 네모 한 칸을 옆에 붙여 그리며 여기가 너희들 공부방이야 하셨다. 아버지는 자신의 인생을 설계하듯 줄을 긋고 지우고, 다시 반듯하게 네모를 그리셨다.

기둥을 세우고 대들보를 얹는 날은 상량식을 한다고 떡을 하고 동네 사람들을 부르며 잔치를 벌였다. 집 짓는 터에서는 언제나 큰 솥에다 아교를 끓였는데, 해초 냄새와 시멘트 냄새가 섞인 퀴퀴한 냄새가 황토 흙이 쌓인 마당에 감돌고 있었다. 대패질하는 목수 옆에는 나무 향이 그윽한 톱밥과 함께 얇게 민 나무껍질들이 쌓여갔다. 미장이 아저씨는 솜씨 좋게 시멘트를 이겨 방바닥을 평평하게 바르고, 목욕탕에는 푸른색 타일을 붙였다.

한 채의 집을 짓는다는 것은 우리들의 삶을 담을 그릇을 만드는 것이기에 그 현장에는 기대와 희망과 풋풋한 생명감이 같이 한다. 노동이 주는 활력과 집의 얼개를 이룰 재목들이 갖고 있는 견실함을 아버지는 사랑하신 것이다. 그리고 아무것도 놓여있지 않던 땅에서 무질서와 혼란의 시간을 거쳐 마침내 한 채의 덩실한 꽃으로 피는 그 아름다운 질서를 즐기신 것이리라.

집이 다 되어 이사를 하는 날, 온돌방 바닥에는 들기름 냄새가 향긋하고, 떠들썩한 분위기 속에서 외할머니는 떡시루를 앞에 놓고, 새 집이 가져다 줄 복을 위해 두 손을 모우시곤 했다. 마루에 서기만 해도 멀리 마산 앞바다가 보이는 그 집에서 우리 형제들은 제비 둥지 속의 새끼들처럼 아버지 어머니 보호 속에서 잘도 자랐다. 아버지가 지은 둥지 속에서 우리들은 몸과 마음을 키운 것이다.

그 후 아버지는 직장을 부산으로 옮기시고 삼 년 후에 다시 온 가족이 서울로 이사를 하였다. 아이들을 서울에 있는 좋은 학교에 진학시키기 위해서였다. 서울의 북아현동 집은 수십 개의 계단 위에 자리잡은 집이었는데, 크지는 않았지만 중정中庭도 있고 벽난로도 있는 멋쟁이 양옥집이었다. 꽃을 좋아하시는 아버지는 사방에 장미꽃을 심고 연못을 파고 등나무 그늘도 만드셨다. 서울의 시가지가 다 내려다보이는 전망 좋은 집이었다.

그때가 아버지에게는 제일 행복했던 시기가 아니었을까? 아이들은 착하고 공부도 잘해서 상급학교 입학시험에 척척 붙어 남의 부러움을 샀고, 책임을 맡은 회사의 경영도 잘되어 국가 표창까지 받으셨다. 그 집에서 나와 동생들은 대학에 들어가고, 나는 결혼을 하고 친정을 떠났다.

아버지는 언제나 우리에게는 힘이었고 돌아갈 푸근한 고향이었다,

그 이후에 아버지는 제지회사를 세워, 큰 기계를 들이고 공장도 새로 지었다. 회사는 잘 운영이 되었으나 10년이 지난 아버지의 회갑 되던 해에 부도가 나서 남의 손에 넘어가고 말았다. 오일 쇼크에 따른 불경기와 새로 도입한 기계 설비가 실패의 원인이라고 하였다. 많은 정신적 고통 속에 아버지는 시골에다 다시 조그만 집을 지으셨다. 아버지는 모눈종이에 설계도를 그리고 방 두 칸과 거실이 있는 지붕이 나지막한 벽돌집을 지으셨다. 나무를 심고, 잔디를 가꾸고 텃밭을 만들며

대부분의 시간을 그곳에서 보내셨다.

아침의 이슬과 저녁달을 벗삼고 이웃의 촌로들과 어울렸다. 아버지의 시골집은 이른 봄부터 가을까지 색색가지의 꽃이 피고 졌다. 영산홍, 등꽃, 작약, 능소화, 그 사이를 춤추던 호랑나비들……. 우리 육 남매의 어린아이들은 방학 때면 잔디밭을 뛰어다니고 개울에서 피라미도 잡으며 어린 시절의 추억을 쌓아갔다.

그러나 세월이 흐르고 아버지는 노쇠하셔서 그 집도 유지하기가 어려워져 갔다. 결국 몇 년 전 그 집을 정리하고 집 관리가 용이한 아파트로 이사를 했다. 자식들은 모두 따로 둥지를 틀고 자기 새끼들 키우느라 바쁘고 아버지와 어머니는 노년의 적막 속에 하루하루를 보내신다.

요즈음 아버지의 유일한 소일거리는 바둑 두시는 일이다. 친구와 기원에서 만나 바둑을 두며 세월을 보내신다. 때때로 친구와 서로 바둑알을 들고 내 집, 네 집하며 다투기도 하는 것 같다. 친구와 안 만나는 날은 하루 종일 TV에서 바둑 채널을 보고 계신다. 흑색과 백색의 집들이 지어졌다 허물어졌다 하는 것을 지켜보신다.

어느 날은 TV를 보다 소파에 앉은 채로 잠이 드신다. 아버지는 꿈속에서 집을 지으시는지도 모른다. 흰 바둑돌로 빽빽하게…….

오늘도 아버지는 TV를 켜 놓은 채 잠이 드셨다. 아마 아버지는 꿈속에서 가로 세로 열아홉 줄의 모눈 위에다 새 집을 설계하고 계실 게다. 그리고 기둥을 세우고 서까래도 올리고 목수와 미장공들을 지휘하며 아담한 집을 짓고 계실 것이다. 언젠가 아버지는 집을 짓고 나면 꼭 잘못된 곳이 한두 군데씩은 생긴다고 말씀하셨다. 아마 아버지가 꿈속에서 지으시는 집은 아무 후회가 없을 그런 집일 것이다. 아버지의 삶처럼 화려하지는 않지만, 네 귀퉁이 반듯하고 앉아도 서도 넉넉하게 마음을 따뜻하게 하는 그런 집일 것이다.

평생을 성실하고 겸허하게 사신 아버지! 너무 큰 집은 아버지 분에 넘친다며 언제나 자그마하고 아기자기한 집을 좋아하셨다.

아버지의 꿈속에서 우리 육 남매는 어린아이들로 돌아가 마당을 뛰어다니며 숨바꼭질을 하고 아버지의 등 뒤에 숨기도 하며 까르르 웃음을 터뜨릴 것이다.

아버지의 그림자는 우리에게 따가운 세상 볕을 가려주고, 우리의 아이들 또 그 아이들에게까지 서늘한 영혼의 푸르름을 그 핏줄 속에 흘려보내리라.

(1999)

걸음마

준호가 걸음마를 한다. 며칠 전만 해도 여섯 발짝을 떼었는데 오늘은 열 발짝 넘게 걷고는 주저앉는다. 식구들이 쳐다보며 박수를 쳐주니까 얼굴에 자랑스러운 표정을 지으며 웃으면서 발을 옮겨 놓는다. 스크린에서 본 영원한 자유인, 희랍인 조르바가 바닷가에서 춤을 추는 포즈처럼 두 팔을 넓게 펴고 약간 비틀거리며 앞으로 나아간다. 목과 팔 둘레가 파진 런닝셔츠를 입고 기저귀를 차고 뒤뚱뒤뚱 걷는다.

진화론자의 주장대로라면 태어난 지 14개월 만에 인류사의 수천만 년의 진화를 거쳐 직립 인간으로 우뚝 선 것이다.

그래도 아직은 기는 동작에 더 익숙해서 목표를 향해 갈 때는 고개를 숙이고 약간 흔들어 속도감을 주면서 사뭇 빠르게 긴다. 돌아앉아 있는 모습이 봉오리진 꽃과 같다면 방긋 웃는 얼굴은 활짝 핀 꽃과도 같다 할까.

지금 아기가 걷는 첫걸음이 앞날에도 언제나 뚜렷하고 확실하게 내딛는 발걸음의 시작이기를 바라고 싶다.

세상의 모든 사람들이 이렇게 불안한 걸음마로 시작하여 인생길을 걸어갔을 것이다. 인류가 성취한 모든 것도 이 한 걸음으로부터 시작된 것이 아니었을까.

인류는 전쟁으로 인한 파괴와 학살 등 수많은 과오에도 불구하고, 과학과 문명의 발달로 번영을 이룩해왔다.

21세기에는 컴퓨터의 혁명으로 상상을 초월한 새로운 세기가 될 것이라 한다. 환경의 파괴와 기후의 이변, 생명 복제에 대한 우려 등 많은 부정적인 요소가 있겠지만 인간은 보다 다양한 문화의 혜택을 누릴 수 있을 것으로 낙관한다.

달에 도착한 닐 암스트롱의 한 발짝은 인류에게는 새로운 시대를 여는 첫걸음이었다.

인간의 꿈은 이제 지구를 벗어나서 우주 공간에까지 이르게 되었다. 새로운 세기에는 무엇보다 인간의 마음속에 편견과 증오의 벽이 없어지고 사랑과 평화가 물결치기를 바라고 싶다. 인간이 인간에게 가하는 억압과 보이지 않는 폭력도 모두 종식되기를……. 개개인의 자유가 존중되고, 소질과 능력이 최대한 계발되며, 누구나 존재로서의 기쁨을 느낄 수 있는 세계가 도래하기를 나는 꿈꾼다.

21세기에도 보이지 않는 역사의 질서는 도도히 이어질 것이다.

아기는 21세기를 살아갈 신인류이다. 아기는 새 천년을 향해 한 발짝씩 발걸음을 내딛고 있는 것이다. 그 무한한 꿈과 가능성을 향해서…….

(1999)

뉴질랜드의 인상

카뮈는 여행에서 우리가 얻는 것은 두려움이라고 말했지만, 나는 여행을 통하여 집착하던 것으로부터의 자유를 얻는다. 일상에서 내가 귀중하게 생각하던 명성이나 부富, 평판 같은 것이 여행지에서는 나와는 아무 관계가 없는 까마득한 남의 일같이 여겨지고, 내가 살아 있다는 자체의 기쁨만이 증폭된다.

낯선 나라에서 색다르게 생긴 얼굴들을 구경하고, 지붕이 나지막한 집 옆에 큰 고목나무에 포인세티아꽃이 빨갛게 핀 것을 보면서 그 집의 주인과 식구들을 상상하는 것은 즐거운 일이다. 어느 틈엔가 나는 소유함으로 얻는 기쁨보다 보고, 걷고, 느끼는 데서 더 큰 즐거움을 얻고 있는 것이 아닌가.

시드니에서 뉴질랜드의 오클랜드까지는 세 시간 남짓 걸렸다. 시간 차이로 두 시간을 잃고 밤늦은 시각에 공항에 도착했다. 그것이 무엇이건 잃는다는 것은 과히 기분 좋은 일은 아니었으나, 나중에 호주로 되돌아오면서 그 두 시간을 고스란히 되돌려 받아 가장 긴 한낮을 보낼 수 있었다. 하기는 영속적인 때의 흐름을 시간이란 토막으로 자른 것부터 인위적인 것일진대 시간을 잃었다던가 얻었다 함은 무슨 의미가 있겠는가? 거대한 자연의 섭리로 보면 표박하기 짝이 없는 가소로운 인간의 계산법일 뿐인데…….

뉴질랜드에서는 인류가 쌓아올린 문화나 문명에 대해 감탄할 필요가 없다. 단지 신神이 만들어놓은 자연의 경이로움과 신비에 경탄과 경외감을 바치기만 하면 된다.

'와이토모' 동굴로 가는 길은 가도 가도 푸른 초원과 양떼들뿐이었다. 과연 양의 나라였다. 이곳에는 양들을 방목하여 키우기 때문에 풀밭에 줄을 매어놓고 양들이 풀을 다 먹으면 또 그 옆으로 몰아놓고……. 이렇게 계속 옮기는 동안에 풀들은 계속 자란다. 겨울인데도 풀은 푸른색을 띄고 있고 날씨는 한국의 11월 초순의 약간 쌀쌀한 날씨 정도이다. 이곳에서는 우기雨期에 접어들었다는데 간혹 구름이 몰려오면 비를 뿌리다가 바로 해가 나곤 했다. 때로는 해가 환히 나 있는데도 스프레이를 뿌리듯이 물방울이 흩어지다 멈추곤 한다.

'와이토모'란 말은 이곳 원주민의 말로 '물의 구멍'이라고 한다. 굴 속에 강이 흐르고 있는 이 석회동굴에는 반딧불처럼 빛을 내는 곤충이 살고 있어서 유명하다.

D. H. 로렌스가 세상의 8대 불가사의 가운데 하나라고 했다는 그 곤충은 어떻게 생겼을까? 동굴 속은 습한 기운이 없는 뽀송뽀송한 느낌이었다. 수만 년을 두고 한 방울씩 떨어진 물방울이 굳어서 종유석이 되고 땅 위에 떨어진 물방울들은 그대로 굳어 석순으로 자라 신비한 형상을 이루고 있다. 옛날에는 바닷물 속이었다고 하며 하얀 석회암 속에는 조개의 화석도 박혀 있었다.

우리는 태고의 시간으로 되돌아간 듯 엄숙한 기분에 싸여 조용조용히 굴 아래로 내려갔다. 점점 아래로 내려가니 어두움 속에 강물이 흐르고 배가 한 척 매어져 있다.

"여러분은 굴 안에서 은하수를 보시게 될 것입니다." 안내자가 말하며 조용히 해줄 것과 절대로 사진을 찍지 말 것을 당부한다. 이 곤충은 조용하고 어두운 곳을 좋아해서 소리가 나거나 밝아지면 빛을 내지 않는다고 한다. 배를 타고 강물 한가운데에 이르러 천장을 보니, 마치 굴이 없어지고 별이 촘촘히 박힌 밤하늘이 바로 머리 위로 나타난 것 같다. 깜깜한 굴의 천장에 이 글로 웜(glow worm)들이 다닥다닥 붙어서 빛을 내뿜고 있는 것이었다. 그 빛은 푸른 기가 도는 차갑고 맑은 빛이었다. 그것은 바로 검은 밤하늘에서 뭇별들이 자기의 존재를 빛으로 알리는 은하수와도 같았다.

나는 갑자기 우주공간 속으로 빨려들어온 듯한 현기증을 느꼈다. 그것이 별들 속에 갑자기 던져진 듯한 외로움 때문이었는지 순간적으로 펼쳐진 우주적 아름다움 앞에서 느낀 충격 때문이었는지는 알 수 없으나, 가슴이 두근거리고 어지러웠다.

수만 년 전서부터 뉴질랜드는 바닷속에서 떠오르면서, 동굴 속에서는 한 방울 한 방울씩 석회수가 떨어져 석순이 자라고, 이 빛을 내는 벌레들은 입 속에서 은실을 내어 먹이를 잡아먹으며 제 몸을 밝혀 천장을 빛내며 동굴을 지켜온 것이리라. 그 고요 속에서 시간은 흘러왔고 지금도 흐르고 있으니 그 흐름의 끝은 어디메쯤일지…….

크기가 싱가폴만하다는 바다 같은 '타우포' 호숫가의 한 모텔에서 밤을 지내고 다음날은 로토로와라는 마오리족이 많이 사는 도시로 떠났다. 가는 길 곳곳에서 흰 수증기를 내뿜는 간헐천이 눈에 띄었다. 민속촌의 입구에는 마오리족 특유의 정교한 목각을 한 토템이 서 있었다. 고목처럼 키가 큰 고사리나무들이 울울하고 간헐온천에서는 사람 키의 두 배나 됨 직하게 물기둥이 솟는다. 주위는 온통 매캐한 유황 냄새로 덮여 있다. 군데군데 바위틈으로 진흙이 끓고 물에서도 흰 김이 무럭무럭 솟아난다. 마치 지구가 아직 열을 뿜고 있는 아득한 옛날로 돌아간 듯한 기분에 사로잡힌다.

몸매가 뚱뚱하고 검은 머리가 친근한 마오리의 아줌마가 김이 솟아오르는 온천물에 옥수수를 삶아내며, '옥수수, 옥수수' 하며 한국 관광객을 불러 씁쓸한 웃음을 머금게 한다.

약 백 년 전 와이탕기 조약에 의해 영국 정부에게 55파운드의 금과 약간의 담배와 모피를 대가로 뉴질랜드의 땅과 주권을 넘겨주고 만 마오리족의 후예들이다. 그들의 음악과 율동은 참으로 평화롭고 아름다웠다. 민속촌을 떠나 버스에 올라 떠나려고 하는데 누군가 소리쳤다.

"야, 무지개다!"

정말 건너편 구릉 위로 빨주노초파남보 색깔도 선명하게 둥근 무지개가 떠있다. 얼마 만에 보는 무지개인지……. 무지개는 그 뒤에 한참 우리가 탄 버스를 따라왔다.

그 다음날 나는 오클랜드 교외에서 다시 한번 무지개를 보는 행운을 누렸다. 이번에는 한 무지개 위에 더 높이 또 하나의 곡선을 이루며 무지개가 떠 있는 쌍무지개였다. 쌍무지개를 본 것은 내 생애 처음의 일이었다.

그 이후 뉴질랜드는 내 가슴에 무지개로, 은하수로, 그리고 마오리족의 아름다운 전설로 남아 있다.

(1996)

■ 연보

•약력

1946년	경남 마산 출생.
1963년	경기여자고등학교 졸업.
1967년	서울대학교 문리과대학 독문학과 졸업.
1985년	가락동인 수필집 ≪다시 태어남을 위하여≫ 출간.
1986년	≪수필공원≫ (현 에세이 문학)에 ≪지울 수 없는 그림≫으로 초회 추천. ≪초록빛 섬의 잔상≫으로 추천 완료 받음.
1987년	≪현대문학≫에 ≪나의 가계부≫로 추천 완료 받음.
1988년	4인 수필집 ≪떠오르는 빛≫ (문학세계사) 출간 ≪월간 에세이≫ 공모 제 1회 에세이스트 상 수상.
1990년	4인 수필집 ≪나무로 만나 숲으로 서다≫ (문학세계사)출간.
1992년	첫 에세이집 ≪미움으로 흘리는 눈물은 없다≫ (청맥) 출간.
1993년	수필문학진흥회 제정 제 11회 현대수필문학상 수상.
1999년	두 번째 에세이집 ≪유년의 마을≫ (세손) 출간.
2002년	수필선집 ≪회전문≫ (선우미디어) 출간.

〈현대문학수필작가회〉, 〈수필산책문학회〉 회장, 수필문학진흥회 부회장 역임 (현) 〈에세이 문학〉 기획위원, 수필문우회 회원, 한국문인협회 이사, 한국여성문학인회 이사.

현대수필가 100인선 · 16
염정임 수필선

작은 상자, 큰 상자

초판인쇄 | 2008년 6월 15일
초판발행 | 2008년 6월 20일

지은이 | 염 정 임
펴낸이 | 서 정 환
펴낸곳 | 좋은수필사

주 소 | 서울시 종로구 익선동 30-6
운현신화타워 빌딩 3층 305호
전 화 | 02)3675-5635, 063)275-4000
등 록 | 1984년 8월 17일 제28호
홈페이지 | http://www.shin-a.co.kr
e-mail | essay321@hanmail.net

값 7,000원

ISBN 978-89-5925-285-5 (04810)
ISBN 978-89-5925-247-3 (전 100권)